中国式礼仪

刘慧滢◎编著

华龄出版社
HUALING PRESS

图书在版编目（CIP）数据

中国式礼仪 / 刘慧滢编著 . -- 北京 : 华龄出版社，2022.6

ISBN 978-7-5169-2331-3

Ⅰ. ①中… Ⅱ. ①刘… Ⅲ. ①礼仪－中国－通俗读物 Ⅳ. ① K892.26-49

中国版本图书馆 CIP 数据核字 (2022) 第 140249 号

策划编辑 刘天然　　责任印制 李未圻
责任编辑 郑　雍　　封面设计 邵丽丽

书　名 中国式礼仪　　作　者 刘慧滢
出　版
发　行 华龄出版社 HUALING PRESS
社　址 北京市东城区安定门外大街甲 57 号　　邮　编 100011
发　行 （010）58122255　　传　真 （010）84049572
承　印 天津海德伟业印务有限公司
版　次 2022 年 9 月第 1 版　　印　次 2022 年 9 月第 1 次印刷
规　格 640 mm x 910 mm　　开　本 1/16
印　张 13　　字　数 150 千字
书　号 ISBN 978-7-5169-2331-3
定　价 49.00 元

前言

中华民族向来以“彬彬有礼”的风度闻名于世，人们将礼仪视为个人修养的体现。一个有“礼”之人，举手投足、一言一行都透露着丰富的人文情怀和品位修养，这样的人无论走到哪里，都会赢得别人的认可、尊重和赞许。

中国式礼仪涵盖甚广，从行走坐卧的规矩，到待人接物的学问，都有其深层的讲究。而我们学习礼仪、懂礼守礼的目的，就是在中国式人情社会里，用得体的言行举止获得他人的好感，建立自己稳定的人际关系网，赢得人生的成功。

可时至今日，仍有很多人对礼仪的概念十分模糊，难以分辨何为有礼，何为失礼。

同样是表达谢意，为什么别人就能收获他人的笑脸，你却不受待见？同样是好心提醒别人的错误，为什么你不但不被感激，反而遭受对方的白眼？同样在餐桌上敬酒，为什么别人在推杯换盏间就能“唱响”生意经，你却惹得大家不欢而散？

相信很多人都会有类似的疑惑，究其原因，都是吃了不懂礼仪的亏。可能你徒有礼仪中“仪式”的部分，而忽略了对“礼仪”精神内涵的挖掘，所以无法让礼仪真正发挥作用。

中国式礼仪具有漫长而悠久的历史，其本质是“敬”与“仁”，强调我们在与人交往的过程中要心存敬意、心怀仁爱。“敬意”是礼仪文化的核心，而“仁爱”是礼仪文化的灵魂。在现代社交中，怀揣敬意和仁爱，借助优雅得体的着装，彬彬有礼的气质，行止有度的仪态，才能在生活和工作中收获好人缘，产生和谐的人际“磁场”。

朋友聚会中，礼仪可以帮你与他人进行心灵沟通，获得社交友谊；商务洽谈中，礼仪可以助你获得信息与资源，实现职场进阶；宴会庆典中，礼仪可以帮你展示个人魅力，赢得关注与机会。可以说，礼仪不仅是彰显着你的气质与品格的“名片”，更是一封四方通用的“自荐书”，帮你赢取更多的机遇与成功。

本书是你获得礼仪这封“自荐书”的秘籍。不同于其他谈论礼仪的书籍，本书更注重追寻中国式礼仪文化的根源，从古代礼仪中汲取智慧，作为今日礼仪行为的参考。

本书从《礼记》《论语》等国学经典中汲取礼仪文化知识，传承中国礼仪文化精髓，串联分析古今礼仪的联系和演变。从古人言行举止、近代大师风度、现代社交礼仪实践等多方面实例中，探讨如何在待人接物、人情世故、社交应酬中以礼立身；在对中国式礼仪文化进行探讨之余，力求实现古为今用，为读者提供更多有现实应用价值的社交礼仪常识，让读者在人际交往中少走弯路，用礼仪“自荐书”把自己推向更广阔、更灿烂的人生舞台。

目录

第一章

中国式仪态礼仪：你递出的第一张名片

礼仪是人际交往中的基本素质，而仪态礼仪则是一个人的举止动作、神态表情及体态变化。站、立、坐、行的气质风度，喜、怒、哀、乐、忧、思等面部表情，无一不是个人仪态礼仪的体现。仪态礼仪是我们在社交场中递出的第一张名片，在社交中至关重要。只有举手投足间彬彬有礼，我们才能在社交中无往不利。

站：站姿是一切仪态之首

在形体礼仪训练中，站姿是重要的训练内容之一。生活中，如果细心观察空姐、主持人、官方场合下的迎宾人员等，我们就会发现，这些人最出众的并不是相貌，而是体姿，尤其是站姿，更是给人一种挺拔、优美的感觉。

站姿是生活中人们的基本姿势之一，也是从古至今中国式礼仪十分看重的一部分。

早在《礼记·曲礼上》中就有“立必正方，不倾听”的规矩，告诉人们在出席正式场合时，站立时要保持端正，不要左顾右盼、歪头探听。无独有偶，《弟子规》中“勿践阈，勿跛倚”一句，也是对人们站立姿势的训诫。有规矩、有礼貌的人，在站立时要端正，或者把身体重心倚在一条腿上，摆出一副无力的形象。

从这些古文典籍中，我们能品出传统中国礼仪文化对站姿的高标准要求。那么，时至今日，我们是否还有必要遵循传统，在日常生活中坚持“站如松”的挺拔身姿呢？

显然是有必要的！因为站姿反映的不仅是一个人的体态，更展示了一个人的精神面貌、风度气质，甚至品质修养。人们常用“玉树临风”一词来形容人姿容秀美、风度潇洒，也是看中“树”直立、挺拔的品质，与人彬彬有礼时端正的站姿相似。一个人的站姿不但能影响人的外貌观感，更能传递出一种精气神，让他人感受到你的人品和气度。

在某档演艺类综艺节目中，几位演员根据剧本要求，分别扮演在战争中拯救人民的英雄以及被救的百姓。几位演员需要演绎一大段关于革命信仰、未来希望等内容的台词，并用表演打动观众。然而，扮演英雄的演员体态不佳，在表演过程中，站立时含胸驼背、肩臂紧张，前倾的脖颈像犯颈椎病一样，让观众大呼别扭。

在表演点评环节，评委评价这位演员："你的整个体态和站姿，难以让人信服你演的是个英雄。有信仰、有希望、有坚定信心的英雄，起码在站姿上给人的感觉应该是一身正气的，应该是自信而充满力量的。但是你歪着脖子、弯腰驼背的站姿，就让观众对你演的人物画了个问号，觉得你演的可能是个反派，因为你给人的气质和感觉就不像一个能办成事儿的英雄。”

这段点评虽然是针对演员的，但也提醒了日常社交中的我们：要想让别人对你有好印象，判断你是个人品正直、精神饱满、值得信赖的人，首先就要获得第一印象分，用站姿赢得他人的好评。

无论是日常社交还是商务活动，良好的站姿都能给他人留下挺拔、舒展的印象，会让人觉得这个人是精力充沛、自信满满、积极进取的。所以，我们在日常社交中也要遵循中国传统礼仪中“站如松”的要求，“站”出风采，“站”出自己的精气神。

首先，无论是单纯的站立等待，还是与人对话时的站立，都要两眼平视前方或看着对话的人，表情要自然。两个肩膀保持平正，挺胸收腹，脖颈挺直，下巴微微内收，双腿并拢，双手自然垂放在身体两侧。

其次，在站立时要注意避免做出歪头斜脑、弯腰驼背、双手环抱胸前等动作，也要避免抖腿、东张西望、随意倚靠周围廊柱和桌椅等毛病。要尽量避免双手插兜或叉腰站立的姿势，因为这是社交站姿中的忌讳，容易给人留下轻蔑、不尊重他人的坏印象。

站姿作为一切仪态之首，是给我们社交形象加分的关键。虽然我们不必像军人一样站姿挺拔如白杨，但我们若能站出亭亭玉立、玉树临风之感，也能让人觉得我们神清气爽、气质出众，进而对我们产生良好印象。

走：步态轻盈，走出你的气场

中国式礼仪重规矩，更重细节，在言行举止方面都有相应的规范。而“走”作为生活中最常用的动作，展现的是人在行动中的动态之美。传统礼仪中所说的“行如风”，描述的就是人行走时步态轻盈，如清风过水面，优美而从容的样子。

关于行走的礼仪，早在汉代刘熙的《释名》中就有记载，其中对不同“走相”是这样描述的：“两足进曰行，徐行曰步，疾行曰趋，疾趋曰走。”其中“趋”是古代一种很有礼貌的走法，指的是当贵宾或者长者在我们前面走过时，我们为表礼敬，需要低头弯腰，小步快走过去。像“趋”这种古代走路的礼节，传承到今天的社交礼仪中，就类似我们迎接贵宾时会快步迎上前，然后点头寒暄。可见古礼遗风到了今天仍然有其现实应用价值。

中国礼仪文化中，行走举止除了是一种礼节，还体现着一个人的品行。中国人自古就倾向于凭一个人的仪表举止，判断其是否为君子。

《论语·宪问》中就记载有凭行走坐立的礼节判断一个人是否为可造之材的故事。

曾有乡人仰慕孔子的盛名，带着小孩来拜访孔子。等拜访者走了，有人问孔子：“您看这孩子是可造之材吗？”孔子摇摇头，斩钉截铁地回答：“不是。”提问者很纳闷儿，继续问：“为什么呢？”孔子说：“刚才这孩子坐在大人的席位上，走路还跟长辈并肩而行，可见其急功近利的心性，并不是个稳妥求上进的人。”

孔子之所以一句话否决了这个孩子，正是因为无论古今，礼仪都是中国传统文化中不可或缺的社交艺术，也是每个人都应该学习和掌握的基本要领。一个连行走坐立之礼都不讲究的人，自然难以成才。

以古为鉴，行走作为最基本的动作，能体现出一个人的修养。可时至今日，仍有很多人在社交中不懂“行之礼”，导致得罪了人，自毁前程还浑然不知。

小李是某公司的一名基层职员，他性子急，做事麻利，哪怕走路时也是风风火火的。他的急性子经常给他惹麻烦，让领导和同事对他的印象都不太好。

一次，小李和领导一起出差，下高铁后，一向走路快的小李拽着箱子就向出口走去，年纪大的领导被他甩在了后面。到了出站口，遇到前来迎接的项目合作方，小李上前寒暄，没想到还闹出乌龙，让对方把小李当成前来洽谈的领导，惹得后面徐徐赶到的领导十分不快。

还有一次，小李在公司走廊一边走一边吃东西，他走得很快，在走廊拐角处和一位女同事撞了个满怀，不小心将食物撒到对方衣服上，惹得对方十分生气。

其实，生活中像小李这样不懂礼仪，走路不看场合、毛毛躁躁的人比比皆是。我们要想凭借走姿给人留下稳重大方、行止有礼的印象，就要杜绝这些不良的走路习惯，学会走出我们的气场。

首先，走路要看场合。一群人结伴而行，要注意与大家保持相似的步伐和速度，和他人保持合适的社交距离；走路过快或过慢，都会让别人觉得你不合群，从而令别人疏远你。如果你是和领导一起出行，更要注意，要走在领导的身后并保持适当距离，千万不要超过领导，否则会让领导觉得自己不被尊重；也要避免落后太远，以免让领导等待。

其次，行走时想走出气场，给人留下举止得体的良好印象，就要注意走的时候不可左顾右盼，不可大幅度甩手，不可“内八字”或者“外八字”。气场强大的走路，在起步时要上身略前倾，注意将身体重量放在前脚掌，让重心稍微前倾。脚步落地时，避免鞋底擦地，步伐有气无力，也要避免落脚过重，而要力度适中、步态轻盈，这样才能通过走路让他人感受到你的矫健和优美。

行走坐卧皆学问，从走路开始，端正自身的仪表，才能让我们的内在修养更直接地体现在外在动作中。立足今日社会，也需要我们迈开步伐，走出气场，给他人一个举止得体的印象，从而获得更多的赞美与尊敬。

坐：入座轻，身摆正，坐姿端

体态姿势是一个人修养与气质最直接的表现。古往今来，社交场合中一个人的行、走、坐、立、卧等举止，都会影响这个人在他人心中的印象分。

中国作为礼仪之邦，自古就讲究“礼”，在行为仪态方面强调“坐如钟，立如松，行如风，卧如弓”。坐姿是社交中最常使用的姿势之一，坐出端正之姿，是尊礼敬人的体现。若坐姿失礼无度，不但容易引发尴尬，还会让他人觉得不受尊重，这需要我们在日常生活中多多注意。

中国民间直到两宋时期才开始广泛使用椅子。在椅子出现前，古人的起居吃饭需要席地而坐，且按照席子的方位将其分为主席、宾席、正席等，在席地而坐时更强调席位要正、席次要对等规矩。《论语·乡党》中就有“席不正，不坐”的说法。这都是中国古代礼仪中对“坐”的要求和守礼的表现。

中国礼仪文化中关于“坐”的要求，在《论语》《弟子规》等古籍中都有记录。比如《弟子规》中说，“勿箕踞，勿摇髀”，意思是告诉人们坐着时不要双腿伸直、大开大合地坐，也不要坐着晃大腿。

尊崇礼数的孔子曾经就因为其老朋友原壤坐姿不雅训斥过他。一次，原壤双腿伸开，像个簸箕一样随意坐着等孔子，孔子看到后，当场大怒，一边用拐杖打原壤的小腿，一边骂他：“你从小就这么无礼、不懂事，现在长大了也没什么可称道的地方，等年老了又不死，就会变成害人精。”因为原壤这种随便的坐姿，在中国古代礼仪中是一种傲慢无礼的表现，绝不能出现于正式场合，在长辈面前更应避免。用这种坐姿示人，甚至有侮辱、不尊重的意思，所以孔子才会如此生气。

我们熟悉的《史记》中记载了荆轲刺秦王的故事。荆轲刺杀秦王失败后，就曾靠着柱子，将双腿张开，像个簸箕一样，并辱骂秦王。其表现的含义就是：我虽然杀不了你，但是我现在要用我的肢体语言鄙视你，我要边骂边用无礼的坐姿侮辱你。

由此可见，“坐”在中国传统礼仪中，不仅代表着一个人的体态姿势，更表达着一个人的礼貌与情绪。在今天的生活和社交中，虽然我们已经不需要席地而坐，但传统文化中关于坐的礼仪，对我们仍然有学习和使用价值。

像上面两个例子中的错误坐姿，我们今天也要引以为戒。日常社交中，为表示自身的端庄有礼，以及对他人的尊重，我们无论是坐在沙发还是椅子上时，都要注意：其一，不能懒散仰靠，只可上身稍微向后倾，自然地靠在靠背上；其二，不要坐满，避免紧靠椅子或沙发背，坐椅子的三分之二即可。坐时两肩放松，男性可以两腿分开，宽度与肩宽大致相同，而女性在坐时则要注意避免分腿而坐，防止造成“走光”。另外，如果谈话时手无处放，可以将手自然地放在腿上或椅子扶手上，这样端庄大方的从容坐姿更容易给对方留下优雅的印象。

除了优雅的印象，好坐姿还能让人觉得你踏实稳重，有礼有节。

《礼记·曲礼上》中有“侍坐于长者，屦不上于堂”，要求人们不能穿鞋入席，要脱去鞋子入席。古代脱鞋而坐的目的是保持清洁和安静。放到今天，虽然我们入座时无须脱鞋，但要传承这一礼节的精髓，入座时还是应该尽量保持安静，动作宜轻柔、缓和，避免幅度过大磕碰到座椅而影响他人。落座后也要摆正身体，避免前仰后合或左右摇晃，因为这些不良的坐姿很容易让别人觉得你坐卧不安、毛毛躁躁。相反，如果我们在落座时能规避这些错误，则更容易让人觉得我们踏实稳重、专注且尊重他人。

总之，传统文化中部分关于“坐”的礼仪，在今天仍然适用。学会入座轻、身摆正、坐姿端，在今天的社交中能助你获得落落大方、从容优雅的美名。

看：自然直视，通过眼神表达礼仪

俗话说：“眼睛是心灵的窗户。”眼神作为一种表现力极强的体态语言，既能表达人的情感，又能起到传达信息的作用。自古以来，人们在与他人交往中就善于通过眼神来辨善恶、断忠奸。

《孟子·离娄上》中写道：“存乎人者，莫良于眸子。眸子不能掩其恶。胸中正，则眸子瞭焉；胸中不正，则眸子眊焉。听其言也，观其眸子，人焉廋哉？”意思就是判断人的好坏，最好的办法就是看一个人的眼睛。心术不正的人，即使嘴上说谎，眼神也无法隐藏心里的恶念，而内心正直的人，眼神也一定是明亮的。《礼记·曲礼下》中也说过："凡视，上于面则敖，下于带则忧，倾则奸。"意思是说，如果与人对视，视线高于对方面部，就会显得倨傲，而视线低于腰带，就会表现出忧愁的样子，而一个人如果视线倾斜不正，则说明这个人心术不正。

从以上种种记载于古籍中的言论，我们都可以看出传统礼仪文化中，对通过眼神表达礼仪细节的重视。

在今天的社交中，一个人是否彬彬有礼，能否获得他人的喜欢和好印象，也与其社交中是否目光亲切，让人觉得态度平和密切相关。

小王是公司里的老好人、开心果，很多同事都很喜欢她，而这份喜欢也与她有一双"善解人意"的眼睛密不可分。

每次小王跟同事闲聊或对接工作，都习惯用目光直视对方，专注地看着对方说话。这样专注的目光让大家觉得跟小王说话十分舒服，因为自己的每句话小王都在认真听。她那一双灵动的眼睛，一会儿透露着赞同和理解，一会儿微微疑惑。看着小王的眼神，对方总能获得被理解、被尊重、被认同的感觉。而在办公室八卦闲聊时，小王也经常眯起眼睛、眉飞色舞地给同事们讲八卦、说段子。单是那双含笑的眼睛，就让周围人觉得被小王眼神中的快乐所感染。这样会用眼神"说话"的小王，自然在办公室里广受欢迎。

所以，无论是传承中国传统礼仪中关于目光眼神的礼仪文化，还是想在如今的社交中获得更多好人缘，我们都要学会用眼神表达礼仪，在自然直视中传递我们的善意和情感。

在与人见面交谈时，30%～60%的时间我们都应自然地直视对方，以亲切的目光看着对方的眼睛或者脸部。同时要注意适当移动目光，避免长时间紧盯对方的眼睛或脸部，以免造成尴尬、压迫的交谈气氛。在注视对方的时候，根据不同的人际关系和谈话内容，我们也可以控制视线停留的位置来表达礼仪。

如果我们与谈话者是较为亲密的关系，则可以使用较为亲密的注视，把视线控制在对方两眼和胸部之间的三角形区域，以表达亲密关系。而在社交场合中，与人交流时，将视线停留在对方双眼和嘴部之间的三角区域，则更为礼貌，同时也能让人感受到你在交谈中的专注和尊重。如果是在气氛严肃的场合，则应端正目光，将视线停留在对方前额处，这会让对方觉得你接下来要说的话比较重要，更容易与你保持同样的正经态度，进行接下来的谈话。

总之，在人际交往中，面对面时目光的交流，能够传递出多样的情感和信息，所以要根据不同的场合，选择适合的目光，传递你的想法，用眼神变化传递你的情绪。自然直视的温和目光更容易让人觉得你是诚恳、专注、坦然的，这种友好的目光也将帮你换得他人的真诚与友善。

手：别让形象毁在小动作中

中国式礼仪中，除了对站行坐卧有讲究，在社交手势上也有丰富的文化。近年来，随着中华文化的复兴以及世界各国对中国文化的关注，如拱手礼、抱拳礼等中国传统手势礼仪也开始为人们所重新使用。连微信表情包都用“抱拳”表示感谢、佩服等含义，可见中国传统手势礼仪文化在我们今天生活中的影响。

回顾中国传统礼仪文化，关于手的基本礼仪有很多，这些手势礼仪在今天仍能显示出我国礼仪文化的底蕴。同时也提醒我们，良好的形象与举手投足关系紧密，要想在社交中给人留下好印象，手上的小动作一定要重视。

中国古代并不流行握手，为表恭敬和礼貌，有作揖礼这种类似的礼节。古代在喜庆场合中“吉拜”的作揖礼，是右手握拳，左手包于其上；而用于吊丧的“凶拜”则是反过来，左手握拳，右手包于其上。以上这些属于古代男子的拜法，古代女子作揖礼正好与男子相反，按照上面的方式将左右手互换。

从以上这些古代作揖手势中，我们也可以看出中国文化对手上礼仪细节的重视。其实在今天的社交中，手上动作是否礼貌，仍然是给一个人的形象进行评分的重要因素。中国传统礼仪文化中的手势礼仪经过千百年的演化发展，时至今日已经与现代礼仪相融合，广泛应用于日常社交中。而很多在社交中失败的人，其体态动作可能没问题，却经常因为手上的一些小动作给人留下坏印象，实在得不偿失。

下面这个例子中的主人公李航，就是我们身边因小动作而自毁形象的典型，他的经历给我们上了生动的一课，告诉我们成败在于细节，小动作可能带来大损失。

李航是一名销售员，经常需要拜访各种客户。一次，李航接到领导下达的任务，说是一位同事请病假，短时间内回不来，需要李航接手这位同事谈了一半的单子，完成与客户最后沟通签合同的环节。对口才了得的李航来说，这并不是个有难度的工作，李航胸有成竹地接下这份工作，来到客户的公司进行对接。

坐在会客室里等客户，疲惫的李航用手捂着嘴打了个哈欠，没想到客户正好在这时候进来。于是李航赶紧搓了搓手，满脸堆笑地上前跟客户握手。李航还就着握手的机会，抓着客户的手说了好些恭维的话，直到发现客户皱眉，才收敛笑容，松手回到座位上。后来的沟通中，李航发挥他优秀的口才跟客户推销，并时不时地加入手势，比比划划跟客户讲述公司产品的优势。可没想到，一场沟通结束，客户竟然表示签约的事情要再考虑考虑，并且表情不悦地离开了。

以前同事谈得好好的项目，为什么李航接手后，客户就变卦了呢？百思不得其解的李航四处打听，最后才得知，原来这位客户十分注重礼仪，李航在与其谈话时，无论是手上比比划划的多余动作，还是打哈欠捂嘴的不雅行为，或是长时间的握手行为，都让对方十分反感，客户的心情受到了影响，自然不愿意考虑签约的事情。

原本水到渠成的生意，却因为李航一些毁形象的手部小动作而搞砸了，可见礼仪影响的不仅是个人形象，还关乎我们的前途与发展。

一个人的良好形象不仅体现在整体的体态气度上，更体现在各种细节动作中。在社交生活中，想给他人留下彬彬有礼、气度非凡的良好印象，有礼有度的手部社交动作不容忽视。

与人握手时，手部要干净和干燥，轻轻握住对方的手，保持3～5秒分开即可。在公共场合中，要避免做出抠鼻子、抠耳朵、捂嘴打哈欠等不雅动作，这些小动作会给人邋遢且不尊重他人的不良印象。说话时也不宜加入过多手部动作，一边说话一边用手比划或指指点点，容易给人留下不稳重、没礼貌的印象。尤其在社交中，切记不能用手随意指着别人，这会给人挑衅、轻蔑等不良印象。用手指指人的行为更是容易引发社交中的冲突。

总之，无论我们身在什么场合，都应记住不要让手上那些不雅的小动作毁了我们的社交。养成有礼貌、有风度、有教养的社交礼仪，从去掉不必要的手部小动作开始。

表情：面部表情变化，传达内心感受

我们在与人初次见面时，经常会产生“这个人看起来很好相处／不好相处”的想法，从而奠定我们对他人的印象。其实这些印象的产生很多时候都与对方的表情有关。俗话说：“相由心生。”意思是说，一个人的面部表情变化能够直接地传达其内心感受，并让社交中的对方感受到这种情绪。“礼貌”一词在今天虽然是用来形容行为举止的，但追溯到古代文化中，其实指的是“有礼之貌”。从这个词中我们也不难理解，在人与人的交往中，首先要通过面部表情，如面部肌肉、眼神、嘴部等部位的变化，来传递你的情绪状态，让对方看到你恭敬有礼的样子。

在中国的传统礼仪文化中，有很多对表情礼仪的记载。比如《礼记·冠义》中就写道："礼义之始，在于正容体、齐颜色、顺辞令。容体正，颜色齐，辞令顺，而后礼义备。"讲的是最基本的礼仪首先要从端正仪容、严肃表情、说话恭敬做起，之后再追求礼仪的完备。而《礼记·玉藻》中也强调"九容"，从手脚、目光、言谈等九个方面对一个人的容颜体态进行了精准概括。其中"目容端"强调的就是面部表情。

其实，中国传统礼仪文化中对表情礼仪的强调和重视，并不仅仅出自"礼"这一方面的考量。究其本质，是因为面部表情体现的是一个人的内心，在社交中，有时候一个表情就能起到语言和行动所没有的作用。学会在合适的场合运用合适的表情，有时候甚至会产生意想不到的效果。

《三国演义》中"空城计"这一段，就是诸葛亮运用体态语言和面部表情迷惑敌方取胜的典型例子。

在司马懿兵临城下之际，诸葛亮虽明知城内无可与其对抗之力，却不慌不忙地打开城门，不但安排老弱病残士兵去清扫大街，自己还一脸安然自若的样子，在城楼上饮酒弹唱。而司马懿也正是因为诸葛亮一脸云淡风轻、稳如泰山的表情，才开始在内心打鼓，认为对方一定有陷阱，不敢贸然进攻，并最终撤兵。

诸葛亮这出"空城计"，其精髓就是他伪装出的安然自若的表情。可见，体态语言和面部表情运用得好，有时候甚至能达到“无声胜有声”的效果，让对方感受到你想传达的信息和情绪。

这种表情礼仪在今日的社交中仍有用武之地。如果我们能控制好表情，就能在人际交往中如鱼得水。

在如今的社交中，因为生活工作节奏快，很多人在压力下习惯性“面无表情”，这很容易给他人留下你不开心、难相处、事不关己高高挂起的不良印象，同时这种“面无表情”也显得你很没有礼貌。所以，想让更多人觉得你是和善可亲、好相处的人，就要学会管理自己的表情。拜访前辈师长时，要微笑热情，让对方感受到尊重和亲近；与同事、领导对接工作时，表情要柔和、专注，让对方感受到你对他的重视和关注。即使面对社交中的争吵，也要注意避免面目狰狞，而要用缓和的表情，说有理有据的话，这样更容易平息对方的怒火，让事情朝好的方向发展。

表情表现的是一个人的思想情感。在社交中，想让他人觉得你是温和可亲的，想和他人建立良好的社交关系，就要学会从控制表情开始，用丰富的表情传达或者补充你的意图，让对方直观感受到你的内心所想。小小的表情也将成为你和他人沟通的桥梁，促进人与人之间的理解和共情。

第二章

中国式服饰礼仪：穿对场合，穿出影响力

服饰的穿着不仅是一种审美考量，更是一个人气质与内涵的直接体现。穿衣搭配出彩的人，不仅在任何场合都能成为众人的焦点，更能通过得体、和谐的穿搭智慧，来展示自己的个人品位及美学修养，以获得更高的社交地位。重视服饰礼仪，穿对场合，你才能穿出属于你的社交影响力。

把服饰当成一种职业投资

俗话说得好："佛靠金装，人靠衣装。三分长相，七分打扮。"服饰、仪容是一个人为自己的外貌和社交印象加分的最直接的手段。自古以来，中国礼仪文化就十分重视穿着。古代君子的衣着打扮首先要求"冠正"，其次要求"衣洁"；在衣冠穿戴方面也要求"三紧"，即帽带、腰带、鞋带都系紧。这些都体现出古代社会对人的服饰方面的严谨要求。衣冠正，则人庄重；反之，服饰放肆，则人不端。有时候，穿衣着装在古代甚至是

衡量一个人品行的标准之一。

《左传》中就曾记载春秋时期的赵盾，因为衣着举止端庄而感动杀手，从而避免杀身之祸的故事。

春秋时期，晋国的晋灵公是个昏庸无道的君主，而其手下大臣赵盾却是个忠君爱国、敢于直言进谏的大忠臣。但忠言逆耳，因为赵盾屡次直言进谏，惹得晋灵公十分恼火，所以他对这名忠臣起了杀心。晋灵公派了一位杀手去刺杀赵盾。这位杀手是个武艺高强、心系家国的人。他接到任务后，深更半夜就来到了赵盾家附近，早早进行埋伏，准备伺机下手。可让杀手大感意外的是，当他半夜来到时，却见到了早已起床的赵盾。只见赵盾一身利落朝服，衣冠整齐，正端庄地坐在室门打开的寝屋内，闭目养神，等待上早朝。

杀手见到这样的情景，不禁想："这赵盾一个人的时候都衣冠整齐，不忘恭敬，这是能为百姓做主、能成为国家栋梁的好人啊！我如今若是杀了他，那就是对不起百姓，是对国家的不忠；但我如果不杀他，岂不是失信于晋灵公？这是为人不信。"于是，陷入两难的杀手选择了"触槐而死"，用自己的死放过了忠臣赵盾，也成全了自己的忠信。

因为"不忘恭敬，盛服待朝"，赵盾躲过了一场杀身之祸。由此可见，一个人衣冠端正、体貌端庄，体现的是自身的高洁品质和严于律己，产生的是足以影响他人的强大力量。

在现代社会生活中，衣着打扮仍然是一种对自身的重要投资。都说“人靠衣服马靠鞍”，在人人重视美、追求美的现代社会，服饰不仅能彰显个人审美，更是职场和生活中尊重他人和展示自身能力的一种方式。

身为律师，如果见客户穿着运动装，就难以取得他人的信任和尊重，而穿着正装西服，则能给人认真、专业的感觉；身为老师，如果穿着奇装异服，就会让人对其生活作风和教育能力产生怀疑，而穿着文雅得体，则更容易受到学生和家长的喜欢与信赖；身为老板，如果穿着邋里邋遢，就会让人怀疑其公司的背景实力，而穿着奢华、体面，就会让人信服其经济实力。可见，衣着打扮是一个人最显眼的“说明书”，“说明书”写不好，与人相处自然错误多多。所以，在职场社交中，我们不妨沿袭中国古代礼仪“冠必正，纽必结”的文化遗风，把服饰端庄当作一种职业投资，通过得体的穿着，赢得职场社交好印象。

职场社交中，我们的穿着不仅要从个人喜好出发，更要考虑自身的年龄、身份、场合等因素，在穿出品位、穿出靓丽的同时，更要穿出得体。

除了基本的服饰整洁之外，职场中首先要学会穿符合自己年龄的衣服。职场年轻人应以颜色明亮、款式新潮的服饰为主，亮色容易给人活泼轻快的感觉，而基础款新潮服饰能让人觉得你是紧跟潮流、思想先进的人。职场中年人则可以选择成熟、经典款服饰。比如男士可以选择深色衬衫配经典夹克衫或西服，更容易给人稳重的感觉。女士则可以选择版型干练的西装裙套装，或女士西装长裤配款式简约并带有一些小装饰的衬衫等，这样既能显示职场人的干练，又不缺少女性的柔美。

另外，选对场合进行服饰搭配，也是职场人对个人形象“投资”的关键。日常上班、休闲聚会、外出见客户的服饰搭配都要穿出不同。日常工作中，为保证舒适度和职场正式感，我们要选择职业装，比如衬衫、西裤、风衣等，把自己干练的一面展示给同事和上司。休闲聚会场合，无论和同事还是朋友相聚，都可以选择运动服、牛仔服等，这都可以展示出我们亲近、活泼的一面。而在约见客户的场合中，女士可以选择成套的裙装或西装，男士可以选择西装，这样板正的套装有助于我们在正式社交场合提高自己的威信，为自己的形象加分。

总之，端庄得体的服饰搭配不仅能体现我们对他人的尊重，还能展现我们能游刃有余地管理好自身和工作的能力。所以，不妨将服饰当成一种职业投资，穿出你的精彩职场，穿出他人对你的另眼相看。

男士风度就靠“33原则”

中国作为礼仪之邦，有很多优秀的礼仪传统延续下来。时至今日，虽然我们已经不再穿着古代广袖宽袍的服饰，但传统服饰礼仪中所强调的仪表、礼节仍然值得我们重视。中国服饰礼仪教给我们的是衣冠如何穿得“正”。衣冠有礼则人有节，这是传统礼仪穿衣戴帽的精神内核。

《左传》中“子路正冠而死”的故事，传递给我们的就是中国自古以来着装礼仪中的一种原则。卫国内乱时，孔子的门生子路认为自己受卫国供养，就不应该在国难时逃跑。而后在战乱中，子路受了重伤，连帽缨都被人挑断落地了。子路忍着剧痛，一边捡起地上的帽子，一边喃喃自语："君子死，冠不免。"随后系好帽缨，戴正帽子，才最终死去。

子路这种对帽子的重视，其实是一种对仪表和礼节的重视，是中国式礼仪中的君子修养。在中国礼仪文化中，衣着穿戴都不仅仅是服饰本身，而是代表了一种态度、气节和原则，这在今天的社交着装礼仪中，仍然需要我们传承和坚守。

时至今日，虽然我们不必如子路一样正冠守节，但在社交场合中，我们仍然需要按照与时俱进的礼仪准则，对自己的着装严格要求，因为着装也是礼仪的重要部分。尤其男士在服饰穿着上经常有粗枝大叶、不修边幅的情况，对此我们要明白，粗心失礼的着装影响的不只是你的个人形象，更有可能给别人造成不必要的误会。

某大企业厂长为人精明能干，在业内口碑良好，很多公司慕名而来，希望与该企业合作。某日，一家外企的经理来访，想和厂长谈合作，正好赶上这位厂长在车间参与指导工作。为了表示对来访经理的热情，这位厂长脱下工作服，随便套上一件西装外套，就匆忙地去接待来访经理了。见面后，这位外企经理打量着厂长松垮的灰色西装、棕色皮鞋以及不协调的白色腰带，然后说："您这样不修边幅的形象，让我有些怀疑您能不能治理好这么大的工厂，能不能很好地承接咱们未来的合作。”针对这个疑问，后来这位厂长解释了很多次，才最终打消了对方的疑虑。

其实，生活中很多男士都经历过与这位厂长相似的尴尬瞬间，归根结底，都是不注意穿衣礼仪惹的祸。中国传统礼仪重视男士的君子风度，强调穿衣戴帽上的庄重有礼。在现代社交中，想传承礼仪中的君子风度，只要遵循男士着装的“33 原则”，就能达到很好的效果。

中国式礼仪中的君子风度、端正有礼，其实就是我们现在所说的绅士气质。想在重要场合穿出绅士气质，就要掌握西服套装的“三色原则”和“三一定律”（简称“33 原则”）。

所谓“三色原则”就是在参加正式商务活动时，男士穿西服套装，全身颜色不能超过三种，也不能超过三个色系，这样才能给人正式、严谨、庄重的感觉。“三一定律”则是指男士在穿西服套装时，腰带、皮鞋、公文包这三个重要配件应该用同一色系，且以黑色较好。遵循这样的“33 原则”，穿搭更容易给人协调、从容、庄重的感觉，也更容易在社交中给人留下值得信任、有威严、更专业的印象。

另外，男士服装礼仪中还有“三大禁忌”。一是忌西装里穿图案过于复杂的羊毛衫，这会给人随意的感觉，觉得你形象过于休闲，也会影响西装的板正和利落。二是忌穿西装不拆商标，一些男士穿新衣服时偶尔会忘记剪标，这容易留给人马虎、粗糙的印象。三是忌穿浅色袜子（穿白鞋时不必遵循此原则），浅色袜子容易和男士着装整体深沉的搭配相违和。

按“33 原则”审视上面例子中的这位厂长，我们很容易就能看出他西服、鞋子、腰带在色系上的混乱，这样胡乱搭配的方式自然会让对方感觉到不受重视、不受尊重，进而产生对这位厂长能力上的怀疑。

总而言之，从古至今，中国式礼仪对男士着装要求的核心并不止于“形”，而是从着装之“形”延伸出的礼节之“神”。无论古代君子“冠正”的礼仪，还是今天着装“33 原则”的要求，目的都是让男士在严谨、庄重、板正的着装基础上，展示出君子气节、端方气质和绅士风度。

礼服选旗袍，宴会“站 C 位”

如果为中国女士选择礼服，相信很多人会毫不犹豫地为旗袍投票。提起旗袍，人们立刻会将其与女性的婉约、窈窕、婀娜、庄重等描写联系起来，给人以端庄有礼、娉婷多姿的想象。

旗袍作为中国传统服饰之一，起源时间并不遥远，是在 20 世纪 20 年代开始流行的。当时正值新旧时代交替之际，受西方服饰影响，我国古代的袍服经过不断改进，逐渐进入了千家万户，为广大女性所接受。

旗袍作为传统服饰，融合了中国古典文化和北方少数民族服饰的元素，其明快的线条和流畅的剪裁能更好地展示女性的曲线美和端庄仪态。随着民国文化、外交的不断开放发展，旗袍与旗袍穿着礼仪也逐渐深入人心，传播开来。尤其在各种重要场合中，我们更是经常能看到优秀女性穿着旗袍的身影。

宋庆龄只要出席重要场合都会穿着旗袍。在1949年10月1日中华人民共和国开国大典时，宋庆龄女士就身穿旗袍，在开国大典的现场，见证新中国的诞生。思想先进的宋庆龄女士认为，旗袍不仅仅是一种当时中国流行的女装，更是一种能够展现中国文化、礼仪、特色的传统服饰。所以，在很多次接见外国友人时，宋庆龄都选择穿着旗袍，并将旗袍作为中国特色礼物赠送给外宾。可以说，旗袍之于中国女性，不仅是一件服装，更是一种文化载体，展现的是中国女性的优雅、魅力。

然而，一件优雅的衣服，仍需要有与之同样优雅的人来相配。作为传统服饰的旗袍，虽然很适合出席宴会、颁奖等重要场合，但如果穿着者没有能与之相配的优雅仪态，旗袍也难保证我们在社交场中“所向披靡”。下面事例中的小刘就曾经遇到过穿旗袍出糗的“社死”事件。

某次参加公司年会晚宴，小刘选了一件自认为满意的旗袍，希望能在晚宴中惊艳全场。可没想到，第一次穿旗袍的她，光想着凸显好身材，希望“吸睛”受关注，却忽略了晚宴时间比较长，又需要吃东西，而选了一件十分紧身的旗袍，不仅晚宴时动作不便，坐立不安，甚至不敢坐下吃东西，不敢大口喘气。后来疲惫不堪的她找了个角落坐下休息，因为太累，弯腰驼背的放松姿势被一身旗袍勾勒得格外显眼，更是被其他同事打趣说像个“大虾米”，小刘晚宴想要艳压全场的计划因此全部泡汤。

其实，旗袍这种特色传统服饰并不“难穿”，只要你懂得一些基本的旗袍穿着礼仪，那么宴会等重要场合选择旗袍做礼服就一定不会出错。

旗袍的特点是较为修身，能勾勒出女性优雅的体态和曼妙的曲线。所以，在穿着旗袍时，我们需要注意以下几个方面的礼仪。

首先，对旗袍花色、剪裁的选择要合适。真丝、棉布等不同材料的旗袍会有不一样的视觉效果，我们要根据场合选择旗袍面料和花色。棉布旗袍和素色花色会显得人更雅致朴素，而色彩鲜艳的真丝面料则会显得人更华丽高贵。不同花色款式的旗袍，选对穿着场合，就能让你气质翻倍。另外需要注意，因为旗袍是修身的衣服，比较“挑人”，所以剪裁要合体，尤其领口、袖口、臀围、腰围等处要合身，避免过于紧绷或宽松。旗袍合体，才能体现你的美。

其次，穿着旗袍对女性的仪态要求较高，旗袍礼仪也是仪态之礼。穿着旗袍很容易看出女性曲线，需要避免弯腰驼背和大开大合的坐姿。穿旗袍入座时可以用手捋一下旗袍后面，慢坐、轻坐，保持双腿并拢，上身挺直、微斜的姿势，坐时留三分之一，不要把椅子坐满。且吃饭时要注意，避免大幅度抬动胳膊，尽量用小臂文雅进食，避免露出腋下。

最后，旗袍不同于一般礼服，尤其讲究“板正”，穿旗袍需要将所有纽扣都扣上，内衣要保证轮廓无痕，不可外露。旗袍的开衩也不宜太高，不可超过膝盖边缘以上 10 厘米。恰当的尺寸和恰当的妩媚，才能给人性感之外，更加庄重有礼的印象。

选择旗袍作为礼服，是我们对中国传统文化的传承与传播，也是我们对自身魅力的展示。掌握以上旗袍的着装礼仪，相信我们都能在重要场合用光彩照人的形象赢得他人的欣赏。

服装色彩配一点儿，形象分数加十分

服饰展示的是一个人内在的精神面貌和审美情趣，是社交中一种无声的语言。而服饰的色彩更是超越款式之上的形象和风度，可以改变人的气场和观感。在不同场合选不同色彩的衣服，是服饰礼仪规范中重要的一条。合适的服装色彩搭配是一道风景，有时候也是一种情绪的传递。在中国古代传统礼仪文化中，就有服装色彩方面的讲究。

中国古代自殷商时期开始，就十分崇尚白色。到先秦时期，则认为白衣是高雅漂亮的衣服，将其当作吉服，每当有庄重、严肃的场合，人们就会穿着白衣，这在当时广受欢迎。我们熟知的荆轲刺秦王的故事中，就有这样一段关于“白衣送壮士”的记载。

《史记·荆轲传》中写道：“太子及宾客知其事者，皆白衣冠以送之。”说的就是在得知荆轲要去刺杀秦王后，太子丹与其朋友们一起，都穿着一身白衣，来到易水边上为壮士荆轲送行。这里太子丹和朋友们身着白衣送行，并不是像现代人所理解的，白衣为送殡丧服的含义，而是古人表达庄严、尊重的一种服饰礼仪，在送别壮士荆轲这样的严肃场合，用白衣表达一种悲壮、敬重之情。

随着历史的发展和服饰礼仪文化的变迁，服饰色彩所代表的内涵也在不断变化，从秦朝以黑色为尊，到隋唐开始以黄色为御用颜色。服装色彩在中国传统礼仪文化中除美观之外，还有地位、身份等更深层次的礼仪文化内涵。

时至今日，虽然我们已经无须用服饰颜色来区分身份地位，但是利用好服装色彩搭配，还是能够提升我们在他人心中的形象和好感度。虽然人有高矮、胖瘦、美丑之分，但恰当的服装色彩搭配可以帮我们扬长避短，更好地修饰和升级自身形象。一副好形象不但能提升自信，还能让他人从你精致得体的穿搭中感受到优雅、得体、礼貌。

张悦在一家影视公司工作，日常经常会接触很多主持人、明星等漂亮人物，所以她对自己的穿衣打扮也十分关注，希望自己的形象能配得上所处的工作环境以及日常接触的人。然而，外形普通且微胖的她，自然没有明星们的好颜值，她提升自身形象的诀窍，就是利用服装色彩搭配为自己增强气场、掩饰缺陷、彰显优点。

因为工作中需要接触较多高端人士，张悦希望自己能呈现给别人较为干练、果敢的印象，所以在选择服饰颜色时，她一般以纯色为主，较少选择花里胡哨的颜色，因为纯色服装更容易给人简约、利落的印象。而为了修饰微胖的身材，张悦会更多地选择深色和冷色调的衣服，这种颜色更显瘦，能有效弱化身材上的缺点。张悦虽然身材微胖，却有两条笔直细长的腿，所以在服饰色彩搭配上，她经常选择一些明暗对比色的上下装，用明色调的裤子或者裙子突出腿部的修长。这样机智的服装色彩搭配方法，不但帮张悦在工作中塑造了一个利落专业的形象，还经常引得同事们夸她会穿搭、身材好。

其实，像张悦这样利用色彩搭配升级形象的心理，人人都能学会。中国式服装礼仪的内涵是“悦人悦己”，传承古代服饰色彩显示身份、表达情绪的精髓，学会用服装的款式、色彩展现自己的个性与优势，对他人而言也是一种礼貌和尊重。

服装搭配中最惹眼的就是色彩，我们经常会用色彩来判断一个人的文化艺术修养。所以，在服装色彩搭配中，我们也要学会多角度思考，要给人以优雅、端庄的印象，避免不伦不类和花枝招展的负面印象。

利用服装色彩搭配提升形象，我们需要学会主色调相配、同色相配、邻近色相配三种方式。

在进行服装色彩搭配选择时，要先选一种主色调作为基础色调，再遵循色彩分明、相得益彰的原则，增加一到两种次要颜色搭配，并记住全身最多不超过三种颜色，保证用色不复杂、不凌乱。比如，我们选择主色调后，如果想通过色彩吸引他人注意，就可以选择主色调的对比色为自己添彩。红和绿、蓝和橙、黑和白这些对比色都能产生较为强烈的审美效果，提高“吸睛度”。

如果想打造更为柔和、自然的形象，则可以选择同色相配的服装搭配方式。把明度接近的服饰搭配起来，也就是我们常说的“相同色系”的衣服。比如，穿深灰的裤子，配浅灰的上衣，这样上下搭配、色彩相近，可以给人和谐的美感，塑造一种优雅、利落的形象。

如果想要表现形象中活泼靓丽的一面，我们也可以采用邻色相配的方法。鲜艳颜色未必踩雷，搭配好就有“1+1 > 2”的效果。邻近的颜色有更好的调和作用，在选择邻近色搭配时，我们可以把颜色稍微错开，比如深蓝和浅绿色相配，这样调和中又有变化，能塑造活泼又不失稳重的形象。

总之，在服饰礼仪中，并非一成不变地坚持“黑白灰”的色彩搭配才算专业，只要学会色彩搭配，浅碧轻红随你挑，任何颜色的服装我们都能穿出精致自信，穿出美好形象，让别人感受到这份精致穿搭所传递的个人修养和好气质。

穿上香水“外衣”，助你气质翻倍

提起香水，很多人觉得是西方盛行的东西，属于舶来品。其实，在香料和香薰的使用方面，中国自有其悠久历史。早在春秋战国时期，古代先民就已经会使用植物性香料，并有相关记载，兰、蕙、桂等都是当时使用的主要香料。

翻阅古籍可以了解到，中国古代的帝王将相和文人雅士，大多数对香料情有独钟。因为古人认为使用香和品香，都能达到驱虫避秽、修身养性等效果。在许多经典诗词中，我们都可以见到“香”的影子。南唐后主李煜有词“红日已高三丈透，金炉次第添香兽”，这里的“香兽”指的是用炭屑末和香料混合制成的一种兽形燃料，能做室内熏香，或放置在衣裳底下，用燃香的味道熏衣服，这些都是古代用香的常见方式。另外，中国古代礼仪中，文人雅士就十分注重个人体味。为增加体香，人们会用丝线手工缝制香包，其中塞入芳香草药，挂在腰间作为装饰，其作用与今天的香水有异曲同工之妙。

香水作为一种感官刺激物，其重要作用是通过气味吸引他人，给人留下良好的印象。心理学研究指出，人如果喜欢一个人身上的味道，就会对这个人有更多好感。所以，香薰或香水的使用都是用味道俘获人心。早在《晋书》中就曾记载过一段与香料有关的“窃香”佳话。

据《晋书·贾充传》记载，西晋时期权倾朝野的大臣贾充有两个女儿，大女儿嫁晋惠帝为皇后，而贾充十分喜爱小女儿，所以有些舍不得小女儿出嫁，对其婚事并不着急。

当时，贾充手下有很多文官，其中有一位叫韩寿，为人才气纵横、丰神俊朗，十分惹人喜爱。一次贾充在家会见宾客时，邀韩寿一道，而贾充的小女儿在窗边偷看时，对韩寿一见钟情。后来在婢女的帮助下，俩人一来二去，有幸相识。

当时西域进贡给皇帝一种奇香，这种香十分珍贵，所以皇帝只赏赐给了贾充和大司马陈骞。贾充的小女儿因倾心韩寿，便将家中赏赐的奇香送给韩寿。而韩寿得到赠香后，马上开始使用，以香熏衣，做香包佩戴，引得众人纷纷赞叹“与寿燕处，闻其芬馥”。贾充因为小女儿“窃香”和韩寿身上独特的香味，而知道了二人之间的感情，待弄清楚事情原委后，更是成全了这对佳人，促成了一段“窃香”佳话。

从这个故事中我们可以看出，在古代，士大夫和文人就已经有较为普遍的香薰习惯了。而香薰除了有增加身体香味的作用，更有间接表达志向、彰显品格等作用。像才子韩寿，就是大方使用奇香，间接向贾充表达与其女儿情投意合的心思。

其实在现代社交礼仪中，香水仍然保有这些功效。恰当地使用香水不但能够使体味增香，获得别人良好的第一印象，更能展示魅力，彰显内涵，让你的气质翻倍。

香水就像一件无形的外衣，使用得当甚至可以改变一个人的形象。而会用香水的聪明人，则一定要掌握“喷洒适量”“气质相配”“场合选对”这几个使用原则。

香水虽好，却不是多多益善，如果不小心使用过量，则会适得其反。所以，在香水的使用上，首先就要注意适量，避免过多的香水“丑化”你的形象。我们在使用香水时可以将其涂抹在手腕、颈部、耳根、发梢等部位，或者选择上衣下摆、女性裙摆等部位适当喷洒。一般情况下，2 米范围内能够闻到淡淡的幽香较为适宜，似有若无的味道会让人觉得你谦虚谨慎，又不会过于炫耀自我。

除了对量的控制，香水味道的选择也十分重要。为了增添气质，我们要选择与自己气质相配的香水。比如，职场男士可以选择木质香调或经典古龙香水，更容易给人沉稳内敛的感觉；职场女性可以选择温柔低调的花香、海洋香调的香水，给人温柔、含蓄的印象；年轻女孩则可以选择较为甜美的香水，可以给人清纯可人的印象。总之，在选择香水时要谨记，我们使用香水是为了通过气味营造让彼此舒服、轻松愉快的氛围，所以要避免选择具有“侵略性”气味的香水，接受度高的香味更能增强你的亲和力。

另外，并不是所有场合都适合使用香水，探望病人、参加葬礼、接触对香水过敏的人的时候，都不适合用香水。这类场合中，“无香”的你更容易让人感受到那份尊重与亲近。

文人雅士已成过往，香薰、香料已翻新篇，但是礼仪文化中，用身体香味营造愉快、营造交流氛围的礼仪在今天仍然适用。从礼仪上讲，恰当地使用香水是对别人的尊重，也能给自己的魅力加分。

选鞋显衣品，搭配见内涵

众所周知，服饰礼仪是中国传统文化礼仪的重要内容之一。从古至今，中国人都十分重视服饰方面的礼仪，但所谓服饰礼仪，并不简单指服装、饰品的搭配，凡涉及穿戴的细节，都有其内涵，就连鞋子搭配也有其专属的礼仪文化。早在西周的儒家经典《周礼》中，就有对古代鞋履礼仪的记载。

古代的鞋子虽然不像今天这样，有皮鞋、运动鞋、休闲鞋等多种品类，但是也有皮革、布制、草编等不同类型，且不同类型和颜色的鞋子有不同的穿着规矩，鞋履的穿着受当时的礼教所约束。在《周礼》中就规定，君王、后妃以及百官所穿的鞋子，根据身份不同，要用不同的颜色，且鞋子要与服饰相配。君王和诸侯可选择的鞋子颜色有红、白、黑三种，其中以赤色最为尊贵，而后宫女眷和命妇可以穿的鞋子，要使用玄（红黑色）、青、红三种颜色，其中能穿玄色鞋子的女子最为尊贵。从古代精英阶层的礼教文化来看，服饰和鞋子的搭配，在中国传统礼仪中，彰显的是地位和身份，是穿着上的分寸与规矩。

其实，不仅帝王将相重视鞋子搭配礼仪，中国古代但凡有家教的家庭，都十分注重穿着方面的礼仪规定。

《礼记·玉藻》中就有“童子不裘不帛，不屦絇（jù qú），无缌服”的规定，讲的是孩子的着装要以简单舒适为主，不穿貂皮大衣和绫罗绸缎，而鞋子则不要装饰。“屦絇”指的就是装饰华丽、样式繁杂的鞋子。如果当时有谁家的孩子这样穿着，不但不会让别人羡慕、赞叹，反而给人以不庄重、不本分的印象，引起老师和同学的批评。像这种服饰、鞋子搭配的礼仪文化，自有其修身养德的智慧在其中。类比如今，也不难理解，穿着镶钻、闪耀的高跟鞋或者皮鞋去上学、上班，不仅显示不出人物之美，反而容易给人留下炫耀、夸张等不良印象。

在今天的交际与生活中，我们也应传承中国礼仪中严谨搭配服饰、鞋子的优良传统，学会恰当地搭配鞋子。因为一双优雅得体的鞋子彰显的不仅是你的衣着品位，更能在一步一行中展现出你的内涵。

刘闯新入职一家投资公司，从事分析师工作。一次，他跟着领导一起去上海出差，走访几家公司做尽职调查。因为事先了解到这次出差需要走访的地方比较多，刘闯特意穿了一双舒适的休闲鞋。当来到走访企业时，一身蓝色西装搭配一双黄色休闲鞋的刘闯引得前台接待人员频频关注，刘闯不禁有些尴尬，而身边的领导也对刘闯的穿搭有些失望。

在调研结束后回去的路上，领导语重心长地对刘闯说："我们做投资，要展示给外界的是我们的实力、眼光、信誉等，首先有一个好的形象，才能显示自身实力，让别人感觉到我们的诚意和专业。今天你西装搭配休闲鞋，既不专业，也不美观，既影响了我们公司的形象，也让对方公司觉得咱们不够尊重人，不重视他们，你居然穿着颜色不搭的休闲鞋就来做尽职调查工作，这就是一种不专业。下不为例，明天记得换双皮鞋，搭配西装。"

领导对刘闯的批评十分有道理，也值得我们在穿搭礼仪中借鉴。人与人交流时，穿搭留给人的印象最为鲜明和直接。哪怕是鞋子这样的小问题，也能反映出我们的审美修养和对他人的态度。因此，在现代社交礼仪中，我们不可忽视对鞋子的选择。

无论是男士还是女士，在正式商务场合中穿一身西装或西装裙，都能让人觉得风度翩翩、彬彬有礼；但如果你穿西装时搭配了一双运动鞋，那么不管你穿的是多么大牌的衣服，也会让你的穿搭变得不伦不类。所以，鞋子搭配秘籍中最重要的一条，就是鞋子和衣服的风格、适用场合要搭调、不违和。

穿着西装或正式礼服等庄重的服饰时，不能搭配运动鞋、休闲鞋、布鞋、拖鞋等不合时宜的鞋子。同时，在皮鞋的选择上，男士要避免过于新潮和造型夸张的鞋子，黑、白、棕等颜色低调稳重的系带皮鞋是首选。鞋子颜色以黑色为佳，如果穿着蓝色西装，则要避免搭配棕色皮鞋。女士在搭配西装裙或者正式礼服时，则可以选择高度 3 ～ 5 厘米的高跟鞋，鞋子款式以不露脚趾为佳。款式和颜色的选择上需根据所穿服装，以同色系鞋子为佳。一般社交场合应尽量避免夸张的撞色搭配，比如蓝色西服套装就不适合搭配红色系高跟鞋，容易显得突兀。

同理，在休闲运动等场合中，搭配便服、运动装等衣服时，也不适合配皮鞋这类过于正规的鞋。一方面，与场景不搭，不便于活动；另一方面，容易让他人觉得你“端着”、不伦不类、不合群。

衣服鞋帽的礼仪之道，就是在每个细节中展示出对他人的尊重及个人的内涵。所以，了解鞋子搭配秘籍，根据场合选择恰当的鞋子，你留给别人的印象就不仅是衣品超群，更是落落大方、礼貌庄重。

小物件里有大天地

谈起仪容仪表，很多人都十分关注服装和妆容，认为选对衣服、化对妆，就能在社交中呈现出最完美的自己。其实不然，服装和妆容固然重要，但在很多“高手云集”、精英聚会的场合，衣服和妆容只是基础，重视“配饰”这种小细节的人，才是掌握了社交礼仪“画龙点睛”的精髓，更容易收获意想不到的好评与青睐。

服装展现的是品质，配饰展现的则是品位。小物件里有大天地，会选配饰的人才真正读懂了社交礼仪。而通过配饰小物件展现品位和地位，并非现代人的专利。走进博物馆，了解那些浩如烟海的古代文物，我们便能从一钗一佩的精巧构造中，理解中国古代礼仪文化在配饰上的表现。

若说古代配饰中的“明星”物件，带钩算一个。带钩也叫“犀比”，是古代贵族和文人武士十分常用的腰带饰品，镶嵌在皮革腰带上，材质以铜和玉居多。带钩的功能和现在我们使用的腰带十分类似，带钩就相当于腰带上的卡扣。古代贵族、文人武士认为用带钩束革带会更美观、更庄重。当时带钩的造型有琵琶形、兽面形、竹节形等，就像今天腰带卡扣花式各异一般，带钩的不同造型显示的也是使用者的品位、阶级、身份。

除了带钩，我们翻阅古籍或看历史剧时还会看到一种装饰物，是在一根绳子上穿着很多不同形状的玉佩，这样的装饰叫

“禁步”。其作用一是能压住裙摆，二是可以帮助人们控制步伐，如果步伐凌乱，禁步就会发出碰撞的声音，可以提醒佩戴者注意行走的仪态。古代女子头上所佩戴的发饰“步摇”，与禁步有相似的作用，在保持美观的同时，也能提醒仪态、避免佩戴者行走慌乱。

由此可见，中国式礼仪文化中，带钩环佩，一物一件，都有其重要的礼仪文化内涵，而这些配饰小物件中所体现的礼仪，时至今日对我们的社交生活也仍有借鉴意义。

小王在某公司从事创意策划工作，其工作能力突出，经常创作出让客户和领导都满意的方案。只是小王这人有一个问题，就是在衣着搭配上太过个性化，经常因为她的外在形象，影响客户和老板对她的印象。

在平时的工作中，小王虽然穿衣有所收敛，并没穿什么出格的奇装异服，但在配饰上却十分个性。她有时脖子上戴着珍珠项链还要挂着白金十字架，一只耳朵戴着一个耳环，另一只耳朵则扎着两个耳钉，还喜欢在手腕上戴两串夸张的金属手环。某次开会赶时间，小王穿过走廊，跑进会议室，某个同事打趣说：“你这一跑起来‘叮叮当当’一顿响，好像跑进来一棵行走的‘圣诞树’。”

像小王这样为了彰显个性而佩戴过多饰品，是十分不可取的，不仅行走坐卧时饰品发出的声响十分不雅，且过于繁琐和夸张的配饰还容易让人觉得佩戴者是个喜欢炫耀、爱慕虚荣的人，给人留下工作能力欠缺、浮夸的不良印象。

想让配饰选择合乎身份地位，彰显品位、美化仪态，如果想用小物件展示高雅气质，不妨试试以下方法。

女士在选择配饰时，要避免选择和自身职业、个人气质、衣着风格反差过大的饰品。配饰的作用是锦上添花、画龙点睛，要避免配饰和整体产生违和感。在选择配饰时，如果有成套饰品，可以成套佩戴，但全身的配饰不应超过三种，每种配饰也不要超过两件，因为配饰过多会给人凌乱、冗杂的印象。另外，佩戴耳环的女士，不妨参考古代女子佩戴步摇和禁步的注意事项，注意一下你耳环的晃动幅度是否过大，用小小的耳环给自己做个提醒，展示给别人更规矩、更稳重的步伐。

配饰不只是女士的专利，同时也能显示出男士沉稳庄重的一面。男士腰带类似古代礼仪文化中的带钩，展现的也是男士的身份和品位。男士在选择腰带时，要注意区分工作和休闲的不同使用场合。工作场合中，男士腰带的选择以黑色、棕色等低调颜色的皮革腰带为佳，腰带宽度在3厘米以内为宜。而休闲场合中，则可以选择更为个性、夸张的款式，显示自己的独特品位。另外，手表也是男士配饰中的点睛之笔。戴手表的男士更容易给人踏实、守信、专业的印象，手表的选择可以反映出一个人为人处世的习惯。所以，男士选择手表时要避免佩戴质量不佳、造型夸张、不符合穿搭的手表，可以选择经典款式的机械表，颜色首选黑色、金色、银色等低调颜色。这些配饰用得好，都能让男士在社交中获得彬彬有礼的好评。

中国式礼仪的细腻和内涵，很多都藏在这些小小的配饰物件中。在现代社交中，学会用配饰小物件提升自己的品位和气质，也能帮你打开高质量的社交大天地。

第三章

中国式餐桌礼仪：以礼待人，收获好人缘

礼宾好客是中华民族的传统美德。在“有朋自远方来，不亦乐乎”的中国，自古以来就讲究迎送酬客的礼数。中国人的迎宾待客之礼，往往从餐桌开始，点菜敬酒、献茶叙语，这些礼仪将主人与宾客的交情瞬间拉近。然而，方寸餐桌见人品，一杯一箸显礼数，做个餐桌之上礼数周全的人，才能让你在礼宾之余，收获好人缘。

不可忽视的座次方位学

中国人自古以来就有尊左尚右、明礼秩序的传统。《道德经》有言：“君子居则贵左，用兵则贵右。”讲的就是君子在平时居身相处的时候，要以左侧为贵，而在用兵打仗的场合下，则以右侧为贵。这种尊卑上下、长幼有序的传统，在君臣、宾主、庙堂、江湖等各种情况下都适用。站位学问、座次方位，关系到礼仪是否得体的问题，不能有半点儿含糊。时至今日，

中国传统礼仪中的方位学也仍有应用。

翻阅古籍，可以总结归纳出，我国古代的方位礼仪主要有排序原则和场合排序两个要点。所谓“排序原则”，指的是“在朝序爵，在野序齿”，也就是说，在较为正式的公务场合下，需要按照在场人员职位的高低来排座位，区分尊卑，而在日常不是很正式的场合下，则要遵循德高望重的年长者居上位的原则，主要按在场人员的年龄来安排座次。

而“场合排序”，则需要根据不同的场合来使用座次排序礼仪。如果是在室内，则座次“坐西面东”是更为尊贵的位置。所以，时至今日，仍然有将请客吃饭说成“我做东”的说法，就是从古代座次的方位学礼仪而来的。古代室内宴请，一般会有东西两个席位，将西边的席位让给客人，而主人坐在东边的席位，符合“坐西面东”为尊的礼仪，表示出对客人的尊重。而我们将老师、幕客称为“西席”或“西宾”，也是因为以西为尊，为表尊崇、敬重之意。

中国几千年历史中，最被后人津津乐道的一场宴会——鸿门宴，在席间座次安排上，也是遵从了方位学礼仪中“坐西面东”、以西为尊的礼仪传统。

在《史记·项羽本纪》中，对鸿门宴的记录是这样的：“项王、项伯东向坐，亚父南向坐……沛公北向坐，张良西向侍。”这里项王、项伯坐西面东，西席是席间最尊贵的座位，项伯是项王的长辈，自然可以和项王同向而坐。而亚父范曾坐北向南，属于次位，因为范曾是项王的谋士，项羽将这个次尊位置给范曾，也有对其尊敬之意。而沛公刘邦北向坐，也就是坐南面北，古代这个位置有“面北称臣”的含义，刘邦当时属于项王的下属，坐在第三的位置，也合礼数。至于张良，他属于刘邦身边的谋士，在席间无论从职位还是身份而言，都是最低的，所以坐东面西，在最卑下的座位上，也是符合中国传统座次礼仪的。

由此可见，中国传统礼仪文化中，座次方位要依君臣职位、宾主尊卑、长幼序列等方式来排列，有其严格的礼仪准则。虽然在中国漫长的历史文化变迁中，因朝代更迭和文化发展，也曾有过尊右或者亦左尊、亦右尊的时期，但左尊右卑、坐西面东为尊仍是主流，并延续到今天的中国现代座位礼仪文化中。在现代社交中若想不出错，我们需要掌握以传统礼仪为基础的、以左为尊的现代座次礼仪。

当前，中国人在宴请或会议时，习惯请贵宾上座，而主人在下座陪着，并且二人之间会保持一定的距离，表示对宾客的尊重。这类场合中的座次，也仍延续传统方位的特点。首先是根据人物关系，进行主客和尊长卑幼的区分。其次是将席间座位分为上座、陪座和下座。所谓上座一般遵循坐于左边方位、远离及面向房门、利于观景、不易被打扰等原则。最后，在座次上还会有桌次的区分，分为主桌和次桌。主桌为中间居中位置，次桌在主桌左右按照由近及远的方式，分别依次排开，或者以围绕主桌的方式进行次桌排序。

在生活方式多样化的今天，虽然中国已经走向世界，但是中国式礼仪中以左为尊的座次文化，仍然代表着中国礼仪文化的精华。在社交生活、贸易往来、商务宴请中，让中国传统礼仪文化古为今用，是一个人自身内涵和文化素质的展现。在传播中国式礼仪的同时，在各个场合都有礼有节，也可以给人留下良好的印象。

点餐之前问禁忌，巧借菜单交朋友

俗话说："知己知彼，百战百胜。"这个道理不仅适用于兵法，也同样适用于人际交往。社交中，我们言行举止所表现的一切礼节，都是希望在相处中给对方留下好印象，让对方在社交关系中感到舒心。要想赢得他人的好感，获得有礼有节、素质高的社交好评，第一要务就是推己及人，尊重他人的信仰及民族风俗习惯。尤其在"民以食为天"的中国，能否在餐桌上尊重各民族饮食风俗，是我们能不能交到朋友的关键。

早在唐朝时期，中国就作为礼仪之邦闻名于世，其餐桌礼仪中对各民族饮食文化的包容，成就了大唐灿烂的文化。唐朝时期，我国就十分尊重少数民族的饮食风俗。随着大量外国使臣定居长安，为了尊重外国使臣和少数民族，大唐的餐桌上引进了一些国外粮食品种和少数民族新菜系，通过少数民族特色菜的加入和融合，让身处长安的各地人民都能吃上合乎家乡风俗的食物。

虽然今时不同往日，古代民族饮食风俗于今天已不再适用，但中国作为一个多民族国家，礼仪中对各民族、各国家饮食风俗的尊重仍然在延续着。点餐之前问禁忌的礼节传统，也是社交用餐中必需的礼节。

若说当代规格最高、标准最严谨的宴会，非国宴莫属。我们从中国国宴宴会菜单的准备中，就能很好地理解中国餐桌礼仪中对他人的尊重礼待。

国宴每一场宴会都会针对与会人员特别定制菜单，在菜单定制前，相关工作人员会尽可能全面地了解每一位宾客的口味、禁忌、生活习惯、身体情况，并结合国宴所处季节、环境、食品原料供应等情况，进行菜单设计。

例如，1986 年 10 月，在英国女王访华的欢迎宴中，我国工作人员了解到英国女王很讲究饮食营养，并且希望能够入乡随俗，品尝到更多的中国特色美食。所以，根据来宾的偏好和禁忌，我国在国宴中准备了水晶虾冻、如意鱼卷等冷热菜点，力求在满足英国女王偏好的同时，展示中国特色。

这种先问禁忌后点菜的礼节，是中国传统礼仪中以客为尊的待客之道。无论关系远近，只要来到我国即为客，对待客人处处礼让，时时礼敬，才能显示礼仪之邦的风范。

现实生活中，虽然我们在餐桌上待客不可能做到像国宴规格那样的礼节，但餐桌待客之礼殊途同归，想做一个合格的主人，展现自己的风度礼仪，一定要在用餐前问客人是否有禁忌，并尊重各民族的饮食风俗。

宴请宾客时，主人可以提前询问客人是否为少数民族，有没有饮食禁忌。通过对我国各地区人口口味特征的总结，我们可以大致将其分为南甜、北咸、西酸、东辣。而不同少数民族因宗教信仰、民族风俗不同，也有一些饮食禁忌，比如回族禁吃猪肉，苗族和满族忌吃狗肉，藏族忌食骡、马、鱼、虾等食物。按照这些基本常识帮客人点菜，能够避免餐桌出现窘况，也更容易获得对方的赞赏。

另外，在同桌有少数民族、外国来宾，而你对点菜又拿不定主意，对方也因为礼貌谦让，不好意思说出自己的点菜需求时，你不妨礼貌地征询一下对方的意见，给对方“选择题”而非“问答题”，让对方在两者之间做出选择，比如：“你想吃鱼还是吃牛肉？”“要草鱼还是鲤鱼？”等。

这样用封闭式问题询问对方，更容易引导对方做出选择。尤其对一些过分谦虚、内向的客人，你的问题既能让对方觉得你考虑周到、尊重他人，又能让餐桌交流气氛变得其乐融融。所以，点餐之前问禁忌，谨记各民族风俗礼仪，这些小礼节都能让你成为受人欢迎的社交达人。

尊卑有序，举杯敬酒有讲究

常言道“无酒不成席”，以酒会友、以酒传情体现了中国人热情好客的真性情，而中国人也习惯在酒桌上运筹帷幄、交友谋事。酒文化唱主角的宴会桌上，我们经常看到有些人几杯酒的工夫就能谈成大事，而有些人杯酒下肚反而得罪了宾客，最后尴尬收场。其中效果的好坏，关键就在于举杯敬酒的礼节。

古往今来，饮酒方面的礼仪不胜枚举。虽然随着时代的变化，古代的一些饮酒礼仪在今天已经不再适用，但中国礼仪之道万变不离其宗，敬酒礼节中敬人谦己、尊卑有序的规矩从古至今从未变化，仍是我们今天纵横酒桌、宾主尽欢的通行证。

古代的人们为了联络感情、增进人际关系，经常会联络乡社之间的人举办宴会，通过饮酒聚餐的方式，让乡里乡亲更加熟悉亲近。在这样乡饮的场合中，尊者可以按照尊卑关系自上而下地劝酒，参与的宾客也可以按照年龄长幼顺序，依次互相敬酒。

在《礼记·乡饮酒义》中对这一系列敬酒流程和礼仪有这样的评价："民知尊长养老，而后乃能入孝弟。民入孝弟，出尊长养老，而后成教，成教而后国可安也。"就是说，通过这样互相敬酒，能让人与人之间学会互相尊重，明白尊老爱幼、长幼有序、恭敬谦让的道理。

可见，古代礼仪文化就将敬酒视为一种调节气氛、增进情感的交流手段。饮酒不是目的，通过有礼有节的饮酒，以敬酒之姿，传敬人之情，才是酒之礼的核心。

然而，今天有些人在敬酒时虽有尊卑有序的意识，但在行动中却屡屡犯错，不会因时因地运用敬酒礼仪，导致酒没少喝，人却得罪了不少，致使酒桌上的人脉资源迟迟难以拓展。针对这种情况，我们需要更灵活地将古代尊卑有序、敬人谦己的敬酒礼仪与今天的社交实景结合起来，让别人在简单的一杯酒中感受到你的尊重与恭敬。下面就用两个小故事说说如今的酒局社交中，怎样敬酒才更有礼有面儿。

小张跟着公司领导参与一个重要合作项目。项目会议后，领导带着小张一起请客户吃饭。席间，小张想到在项目合作期间各方的互帮互助，想敬领导们一杯酒。因为小张恰好坐在自己公司的领导旁边，于是按顺序就先敬了自家领导。没想到自家领导却笑着拦下小张的酒，说：“怎么这么不懂事呢？哪有绕过客人，先敬自己人的道理？”小张在点拨之后，才恍然大悟，一边道歉，一边恭敬地走向客户，边说感谢之词，边给客户领导敬酒，哄得对方喜笑颜开。

类似这样的酒局，依照尊卑顺序，先向领导敬酒没错，但是现场有客人在的时候，则需按远近亲疏，先敬客人中的领导，再敬客人中的陪同人员，最后再敬己方。将足够的尊重先给客人，才是最有礼貌的敬酒方式。

除了身份地位上的尊卑有别，酒桌上需要向长者敬酒的情况也比较多。而敬酒之礼在长幼之间也有规矩。

公司年会的自助餐晚宴上，小李陪着部门同事去隔壁组的饭桌敬酒。因为隔壁组有个跟小李关系很好的同事小顾，所以小李敬酒时就先敬了跟自己关系最为亲密的小顾，然后才绕过小顾，给另外一位前辈敬酒。没想到，这位前辈小肚鸡肠，因为小李没有先给他敬酒而心生不快，后来经常在公司里对小李冷嘲热讽，用这次敬酒的事儿说小李不懂礼貌、目中无人。

其实，为了这点儿小事耿耿于怀，自然是这位前辈心胸过于狭窄，但小李敬酒时也确实失礼。我们固然可以给关系更亲密的朋友敬酒，以联络感情，但在一张酒桌上有年龄差异大、辈分不同的人时，先敬长辈和前辈是规矩，也是道理。敬酒即敬人，给年长者应有的尊重，敬的是对方，抬的是自己，一杯酒就能让周围人看到你的礼数周全。

今天我们给他人敬酒时，也要继承传统的敬酒礼仪，按照次序敬酒，以表敬重和谦虚。具体来说，要先给长者尊者敬酒，先给职位较高者敬酒，先给远道来客敬酒。敬酒之时要一视同仁，一一给所敬之人斟酒，在举杯与人碰杯时，需注意酒杯举起的高度要比对方的杯沿低，如果超过对方杯沿，则有不敬之意。如果我们离想敬之人座位比较远，也可以采用酒杯轻碰桌面的方式代替碰杯。

酒桌之上，喝酒不是目的，如何在举杯饮酒之间，通过敬酒传递我们内心的尊重、亲近、感谢等多样的情感，让他人在杯酒中感受到我们的谦和有礼，才是中国敬酒礼仪文化的精华所在，也是今天酒桌上必须懂的规矩。

饭到嘴里不忘礼，练就一副好吃相

中国传统餐桌礼仪讲究多，端碗、执箸、敬酒、奉茶都各有规矩。除了这些举手投足上的礼节，“吃相”是否优雅，也是传统礼仪中评判一个人是否礼貌、端庄、有素养的关键。

《礼记·曲礼上》中记载了一段用餐礼仪，这段文字对传统礼仪文化做了较为细致的介绍，其中很多礼仪规矩直到今天也仍然适用。

书中写道："毋抟饭，毋放饭，毋流歠（chuò），毋咤食，毋啮骨，毋反鱼肉，毋投与狗骨，毋固获，毋扬饭。饭黍毋以箸。"意思是说，吃饭的时候不要一次拿很多饭，捏成一个大饭团自己吃，这是一种自私且无礼的行为；用手抓过的饭食不要再放回去，手上的汗液污染了饭食，别人就没法吃了；喝汤不要喝得满嘴汤汁，要一勺一勺慢慢喝；吃饭和带骨头的肉食时，也不要吧唧嘴，或者发出啃食声，更不能将自己咬过的鱼肉等食物放回公共容器中；吃饭时不要把骨头扔给地上的狗，这样做就等于看不起主人的供给，有轻贱的意思；面对一桌子菜，也不要只吃自己喜欢的菜，这会让人觉得你很贪心；如果遇到饭很烫，就稍等凉了再进食，切不可又扇风又扬饭，这样着急的样子会让人觉得你很久没吃饭了。另外，吃相礼貌的人要学会正确使用餐具。

从《礼记·曲礼上》这一段关于用餐礼仪的记载中，我们能感受到传统文化中对进食之礼较高的要求。除了《礼记》这样专门写礼仪的著作，在《论语·乡党》这样的儒家经典中，也有"食不言，寝不语"的说法，教育人文明用餐要尽量少说话，避免唾液飞溅到食物或其他人碗中。

在传统礼仪文化视角下，用餐时吧唧嘴，对着别人咳嗽、打喷嚏等都是无礼的表现，会给人留下粗俗、没有礼数、缺乏教养的印象。无论古今，这样糟糕的餐桌礼仪都会让别人敬而远之。

《红楼梦》讲述了贾府中奢华的生活，书中一众公子小姐的言行举止，都给人以文雅、优美的印象，却也有行为粗俗、让人一看就生厌的人。其中，薛蟠之妻夏金桂就是《红楼梦》中少有的缺少教养、不懂礼数之人。夏金桂的泼妇跋扈之气，从其恶劣吃相上就可见一斑。

夏金桂虽出身户部世家，是数一数二的大户之家，却从小被寡母纵容，没有获得好教养。平生爱啃骨头的夏金桂，喜欢用油炸焦骨头下酒，还经常一边啃骨头喝酒，一边肆意谩骂手下的丫鬟和身边人。她啃骨头时骂人的不雅吃相，任书中谁看了，都觉得她不是善类，光是这副恶劣吃相就让人退避三舍。而曹雪芹对夏金桂唯我独尊、不守礼法规矩的娇惯性格的描写，也正因为夏金桂这副糟糕吃相而生动起来。

其实，现实生活中也有很多像夏金桂这样不讲究吃相的人，他们不懂社交用餐的礼仪规矩，经常在一顿饭的工夫就把人得罪光了，而自己还浑然不知。

文员周帆新入职一家公司，很希望借着一起吃午饭的机会和同事们熟悉一下。但是几天过后，周帆慢慢发现，办公室里的几位女同事都不是很喜欢和自己一起吃午饭，周帆为此纳闷儿了好几天，某次路过茶水间，无意中听到同事们闲聊才知道，原来是她不雅的吃相害得自己“没朋友”。

周帆吃午饭时为了多和同事们聊天沟通，总喜欢边吃边说，有几次还不小心把嘴里的饭喷到了别人那边，导致场面十分尴尬。而为了表现热情，周帆还喜欢把自己觉得好吃的东西直接夹到同事碗里，并自作主张夹别人碗里的饭菜。大大咧咧的周帆觉得这样换着吃，才是会分享、关系好，但实际上她的做法却引得同事们很不满。

知道问题的症结后，周帆在与同事吃饭时，开始十分注意餐桌礼仪，嘴里有饭不说话，分享午饭之前先询问别人。慢慢地，同事们重新接受了这个有礼貌又热情的新人。

在今天的社交中，掌握一些吃饭的礼节规矩，不但能帮我们避免周帆这类尴尬情况，还能让我们成为他人眼中有素质、有礼貌的可交之人。

练就一副好吃相，首先要注意进食时少说话。现代礼仪虽然无须“食不言”，但为了避免边吃边说导致口中食物喷溅的不雅情形，我们可以小口进食，想说话时，等口中食物咀嚼完咽下去，再进行交谈。其次，吃相好的人不会在吃饭时做出当众剔牙、对着别人打喷嚏等不雅行为。如果在就餐时需要剔牙，可以一手遮掩口部，一手剔牙，或者直接去洗手间处理剔牙问题。餐桌上咳嗽、打喷嚏时，则需用手遮住嘴，把头偏向身后，并且不要对着别人。最后，好吃相必然文雅，文雅则需要避免多余声响。进食时无论是咀嚼食物，还是拿放碗筷，都尽量不要发出声响，细嚼慢咽、轻拿轻放，才能给人从容文雅的感觉。

饭到嘴里不忘礼，掌握以上进食礼仪，你就能拥有一副让长辈、朋友都喜欢的吃相，收获彬彬有礼、温文尔雅的好评价。

小细节大修养，端碗礼仪见家教

《礼记·礼运》中有言："夫礼之初，始诸饮食。"强调礼仪的基本在于进食方面的礼仪。中国人的饮食文化闻名于世，世人皆知中国人讲究食物的色香味，但中国"吃"的文化远不止于此，除了吃的滋味和内容，中国人还讲究吃得有修养、有文化、有礼貌。

吃饭是中国人生活中最日常的事情，而早在中国古代，对餐桌饮食就有较为严格的规矩和礼制。古人认为，一个人端碗拿筷子的一举一动，就是这个人品德修养的一面镜子，小细节看出大修养。传统礼仪中，即使针对端碗这个细节动作，亦有严谨的要求。

饮食规矩，洁净为先。传统礼仪文化对席间饮食、端碗礼节，在个人卫生方面也有着比较高的要求。《礼记·少仪》中说："洗、盥、执食饮者，勿气。有问焉，则辟咡而对。"也就是强调，我们在手里拿着食物或端着碗时，要注意屏住呼吸，避免对着宾客或者食物大口喘气。如果吃饭时需要和身边的宾客进行交谈，要注意侧转头，保持自己说话时朝向宾客嘴和耳朵之间的位置。像这样端碗交谈时的礼仪要求，能很好地避免口气污染餐食，也能避免给交谈者带来不良的沟通体验。

此外，《礼记·少仪》中对餐桌上的端碗礼仪还有“凡齐，执之以右，居之以左”的要求。也就是说，如果需要用调料调制羹汤类的菜肴，我们要用右手端碗，用左手托捧，双手保持碗的平衡，这样就不会让菜食汤汁洒出来。类似这样的古代餐桌礼仪，并没有因为时间的流逝而消失。时至今日，这些传统礼仪规矩仍是衡量一个人是否有礼貌、有家教的标准。

我国著名画家、教育家丰子恺先生曾说过：“礼仪就是待人接物的具体礼节和仪式。”丰子恺在教育孩子时，也将餐桌端碗这种细节上的礼仪渗透在日常教育中。

丰子恺热情好客，经常有友人上门拜访。每当家里来客人，需要宴请时，丰子恺都会耐心地教育孩子们如何礼貌地进食，而端碗的礼仪就是丰子恺着重强调的一点。

丰子恺说：“等客人来了，我们要主动帮客人倒茶、添饭，这样客人才能感受到我们的热情招待。餐桌上，无论是帮人添饭还是倒茶，都不能只用一只手。一只手端着茶杯、饭碗，是皇帝打赏大臣，或者布施乞丐时才用的动作，会让客人觉得不受尊重，是很不恭敬的举动。我们要双手捧上碗碟，这样才能让客人感受到主人的尊重。”

孩子听了丰子恺的教导，在宴客的餐桌上，都能彬彬有礼地帮客人端碗、捧茶，客人们也都很欣赏孩子们的家教，夸他们是讲礼貌、懂规矩的好孩子，还笑着说丰子恺教出来的孩子，以后一定有出息。

一个端碗捧杯的小细节，展现的是一个家庭的家教和礼仪文化。在今天的社交中，想做个懂规矩、守礼仪、被人夸的人，我们也不妨学习一下传统文化中端碗的礼仪细节，做个从细节处展现文化内涵、文明有礼的人。

日常餐饮场合，我们在吃饭端碗时，可以用大拇指扣住碗口，同时用食指、中指和无名指扣住碗底部，保持手心空着的状态。端碗的时候要避免手心朝上，因为手心朝上端碗的姿势在传统文化中被视为不吉利，有乞讨的含义。手心朝上端碗，或者用一只手托着碗底端碗，不但寓意糟糕，也被视为没有家教的行为之一。所以，无论是孩子，还是我们自己，外出参加宴会时，这种手心朝上的端碗姿势都是不可取的无礼行为。

另外，我们在吃饭时，也不要将碗放在桌子上，一手扶着碗，低头伏在桌子上吃饭，更不要把嘴凑到碗边吃东西，这都是很不雅观的行为。而吃面条、馄饨等大碗食物时，虽然可以将碗放在桌子上，不用端着碗，但须用筷子或勺子从碗里夹取或盛取，再吃进嘴里，这才是比较有礼貌的进食方式。

餐桌礼仪于一碗一筷中见修养。学会端碗礼仪，才能让人在一端一放的细节动作中，看出你懂事、有礼貌和守规矩。端碗礼仪端的不仅是一碗饭，更是你的优雅形象、家教礼仪。学好端碗礼仪，给别人留下好印象的同时，也是在向他人展示你的家庭文化底蕴。

中式哲学藏箸中，一抬一落有礼数

筷子在古代又被称为“箸”，是中国文化的代表物品之一，也是东方文明的标志物。在中国千年饮食文化和餐桌礼仪中，筷子一直占据着重要位置，它既是日常生活中的饮食工具，也是中国礼仪文化深刻内涵的一个缩影。

中国人使用筷子的历史可以追溯至商朝。在《韩非子·喻老》中说：“昔者纣为象箸，而箕子怖。”纣王是商朝末期的国君，可见3000多年前的中国就已经出现象牙筷子了。筷子并不是一开始就被称为“筷”的，而是从先秦到汉代，经历了由“梜”到“箸”这一名称上的转变。后来古人觉得“箸”和“住”谐音，寓意不好，有停止的意思，尤其是江南水乡的船家忌讳“住”，所以才将其改称为“筷”，取“快”之谐音，寄托了对“行船畅快无阻”的美好愿望。

筷子作为中国文化与智慧的结晶，不但在名称演变上有历史可循，就连执筷也有一系列礼节规矩，指导人们如何正确、优雅地使用筷子。古人重礼，在礼仪规矩制定上多有其独特的文化思考，传统礼仪中很多使用筷子的规矩，既关乎礼仪行为，又涉及中国人的哲学思辨。所谓一抬一落有礼数，很多执筷礼仪传承至今，仍然适用。

今天的餐桌上，能否礼貌地使用筷子，仍然反映着一个人的品德和修养；若不注意执筷礼仪，则很有可能让你在重要场合出糗，惹人厌烦，给人留下没素质的坏印象。

小张是个帅气的男孩，工作、学历都比较出色，却一直单身。一次，邻居王阿姨帮小张介绍对象，小张和女孩见面吃饭后，对女孩印象很好，希望能够继续交往。可相亲女孩却对小张印象不佳，没有同意小张的交往请求。

看着十分般配的两个年轻人相亲失败，王阿姨十分不解，实在想不通女孩对小张哪里不满意。于是她私下询问女孩，问她对小张的印象。几经追问下，女孩才犹豫地说："小张各方面条件其实都还不错，只是我觉得他的个人素质不太好，我不是很能接受。我们一起吃饭时，菜上来他也不让我，自己拿起筷子就先吃起来。吃饭的过程中，他也有很多不好的小习惯，比如用自己的筷子扒菜、咬筷子、把筷子插在饭碗上等。虽然这些都是小细节、小毛病，但我认为细节才能看出一个人的素质和家教。所以，我不是很能接受和这样的人交往。"

女孩一番话说得有理有据，让前来说合的王阿姨也不好意思再劝说。一段姻缘就这样毁在小张糟糕的餐桌礼仪上。

可见，筷子一抬一落间的行为举止，是一个人家庭教育的背书，也是一个人素质修养的缩影，极大程度地影响着他在社交中的形象。传承中国传统餐桌礼仪，结合如今的社交环境，我们在执筷的时候，学会以下技巧，才能在餐桌上获得他人青眼，给人留下有礼貌、有素质的良好印象。

首先，传统礼仪讲究拿筷子要成双，不可用单只。因为古人有"一分为二，合二为一"的说法，认为"一是太极，二是阴阳"，阴阳配合才能开合自如，筷子要成双成对使用的礼仪规矩，同时也蕴藏着博大精深的中国式哲学。

其次，中国传统礼仪讲究筷子不能倒着拿。因为标准中国筷子的形状都是"上方下圆"，取的是"天圆地方"的含义。结合《周易》学说中"地天泰卦""天地否卦"的说法，筷子倒着拿，方圆调换，也就是天地对调，被视为不吉利。而且一般筷子做成顶端方形，下端圆形，就是为了夹取食物稳当。倒转拿筷子既不稳当，也不卫生，在古代亦被视为无礼的表现，今天也是如此。所谓"无规矩不成方圆"，执筷的规矩也在这方圆之间。

另外，筷子使用时要注意摆放整齐，不要横竖交叉或者单只筷子头尾颠倒放置，这样既不卫生，也不美观，无论古今，都属于没礼貌的行为。还有一点被很多人忽略，那就是筷子放置的规矩，如果进食到一半，需要落筷，可以将筷子竖着，并排放在碗的右侧；如果已经进食完毕，则可以将筷子整齐地放在筷架上。特别需要注意的是，筷子不能横着放在碗碟上，横放这种随意的方式只适合在平辈或熟悉的朋友之间使用。

除了家庭用餐，在外做客时使用筷子的礼仪细节则更为严谨。给别人递筷子时要双手递出，拿筷子中间，表示尊敬，不可远距离扔给对方；给别人夹菜要注意使用公筷；等主人或长辈先起筷，自己才可以开始起筷吃饭；用筷子夹食物时，不能拿筷子过低，也不能翘手指拿筷子；礼貌地使用筷子，要注意不用筷子指人，不用筷子敲碗，不把筷子竖着插上饭碗，不用筷子挑拨食物和胡乱扒菜。遵守这些筷子的使用禁忌，才能帮你在社交就餐场合避免很多尴尬。

中国传统礼仪中关于筷子使用的学问远不止以上几点，而是渗透于我们日常使用筷子的每个细节中。总之，小小的一双筷子，承载着中国数千年的礼仪文化和处世哲学，我们只有熟悉执筷礼仪，才能在相应的就餐场合做个有礼貌、有素质的人，用自己的礼仪换来他人的尊重。

懂点奉茶礼仪，玩转高级社交

南宋吴自牧曾在其著作《梦粱录》里写了开门七件事：柴米油盐酱醋茶。“茶”能与厨房饮食必备之“柴米油盐酱醋”并列，可见中国人对茶的热爱已经到了生活中离不开的程度。

中国人饮茶的传统可以追溯到晋朝。《世说新语》中就曾记载，晋武帝死后，“少时有令名”的任瞻南渡，在到达南京时，丞相为任瞻准备了接风宴，最先上的就是茶，可见茶在中国礼仪文化中地位之高。以茶接风洗尘，表达了主人对客人的尊敬之意，直到今天仍是社交中的待客之礼。

无独有偶，东晋时期的中书郎王濛，也是个喜欢以茶会友的人，他常用的以茶待客之道，被后世奉为“茶汤敬客”的佳话。

根据《世说新语》记载，东晋时期的王濛是王氏望族出身，曾任职中书郎、左长史等重要官职，他广结人脉，官运亨通。王濛平时兴趣广泛，不仅擅长书法绘画，更是嗜茶成癖，几乎没有一天不喝茶。而且，一旦有客人来，他就要用茶汤招待客人，让客人和自己一起饮茶、品茶。

当时东晋很多大臣并非土生土长的南方人，而是北方南迁的氏族，所以并不习惯茶汤苦涩的味道。但王濛热情好客，凡有客人，必以茶汤待客。客人们碍于情面又不得不喝，一时间很多大臣将去王濛家做客戏称为“今日有水厄”，“水厄”也成了茶的别称，广为流传。

无论是丞相遇到任瞻以茶接风，还是王濛以茶会友、以茶汤敬客，这些敬茶礼仪都是中国传统文化中传承的美德，是传统文化高尚礼节的精粹。这些敬茶礼仪流传于古代王孙贵族、文人雅士之间，同样也跨越千年延续下来，流传在今日的高级社交场合中。

中国人的礼俗向来重情好客，“有朋自远方来，不亦乐乎”的思想深入人心。当远道而来的客人风尘仆仆走进屋来，主人能够邀客入雅室，敬上一杯香茗，边喝茶边聊一聊世间经纬、生活百态，这是对客人最高的敬意，也是人情社交中最暖的一抹余香。

林语堂在《生活的艺术》中就曾谈过茶在社交中的重要地位。林语堂认为，如果从文化和快乐的观点来讨论，人类历史上最杰出的发明就是吸烟、喝酒和饮茶，因为这几样事物都能帮助人们享受空间、友谊和社交，让谈天者可以更舒适地徜徉于对话之中。

所以，在饮茶文化深厚的中国，若想玩转社交场，与更多有文化、重礼节、高素质的人交流，我们也需要懂得一些敬茶知识，才能在茶话会中游刃有余地增进感情。

经常和成功人士打交道的周律师发现，最近很多客户约谈事情，都不再青睐咖啡厅、餐厅等场所，茶室反而成为业内新宠，很多老板都开始热衷饮茶。于是，周律师也跟随潮流，开始学着饮茶，跟客户、朋友们多约在茶室见面。

一次，周律师约了一位关系很好的老客户饮茶。为了表示自己对老友兼客户的热情，还点了不同的茶，周律师频频帮对方添茶，让对方吃点心，边聊边奉茶，让对方品尝。

看着周律师的殷勤招呼，这位客户笑着说：“老周啊，我看你之前没有饮茶的爱好，你是为了迁就我才来这儿的吧？”

周律师听罢回答：“我这是赶潮流，现在你们这些老板们不都喜欢饮茶嘛！”

客户摇摇头，继续笑着说：“看在老朋友的份上，今天我还是教教你正经的奉茶礼仪吧，免得你出去丢人。”

“俗话说‘酒满敬人，茶满欺客’，你刚才频频帮我添茶，次次倒满，实在是不讲究。而且刚才你帮我奉茶时，一边口若悬河地说话，一边递茶给我，这要是饮茶行家，又要说你不懂规矩了。品茶、饮茶、奉茶的讲究多，你还是回去好好学学，再出来待客吧。"

被老客户一番指教后，周律师讪讪地笑着，心想回去一定要恶补奉茶礼仪，不能再在客户面前丢人了。

在今天的社交中，我们也经常会遇到周律师这样的情况，为了避免奉茶礼数不周的尴尬，下面这些奉茶礼我们不可不知。

首先，客来敬茶，以茶会友，为表诚心，我们要选择环境干净的饮茶场所，泡茶所使用茶具也要清洁卫生，并尽量选用上品茶叶。

其次，泡茶、倒茶时都不宜将水冲得太满，倒茶八分满即可。倒太满，茶水容易溢出，客人在端杯、喝茶时都不方便，也不雅观；而且茶满也有不敬对方之意。我们可以左手托住茶杯底，右手持杯，并注意持杯时不要抓着杯口，避免污染杯口，这才合乎奉茶规矩，既稳当妥帖，方便对方接住，又表达出我们的谦虚和敬意。另外，在给他人奉茶时，双手端茶也有敬茶的意思。

最后，要注意无论奉茶还是敬茶，都不要一边说话一边做，也不要在拿放茶杯时，磕碰出声响，可以用小拇指垫在杯底，慢慢地放下杯子，避免茶杯磕碰。这样安静奉茶，才是以茶礼敬。

中国茶礼文化源远流长，相比于饮酒，饮茶聊天因更具雅趣，而深受现代高级社交人群的喜爱。酒肉江湖客，爱茶多君子，懂一点儿奉茶、敬茶之礼，用茶联系朋友，联络感情，相信你获得的友谊会更加真诚和牢固。

第四章

中国式社交礼仪：举手投足，尽显魅力和素养

礼仪是我们在社交中寄出的“第一张名片”，拥有好的礼仪，就能在与人交往时，带给别人如沐春风的感觉。相反，不懂得礼仪则会在社交中背上“没素质”“品行劣”的恶名，影响我们在人际交往中的口碑。中国式礼仪强调言行举止要合于礼、不忘敬，所谓“敬人者，人恒敬之”，我们在社交中要想获得他人的尊重和喜爱，就要注意举手投足守礼节，用礼学精神展现个人魅力和素养，收获广阔的人脉。

记住对方的名字，你就成功了一半

如果有人见过你一次，就能记住你的名字，并在下次见面打招呼时直接叫出你的名字，你会不会觉得心情愉悦，感觉自己被对方所重视呢？在与这个人交流的时候，你会不会抱有莫名的亲切感，对对方存有更多的信赖和好感呢？

答案是肯定的！

名字虽然只是一种称呼、一个符号，但对我们每个人而言却意义非凡，因为名字是我们自身的标志，是吸引我们注意力最短的“咒语”。像“名誉”“名声”这类词，都以“名”为基础，可见名字对一个人的重要性。名字就像一个人身上独特的记号，在我们与人交流时，让别人因为它将我们与千千万万人区分开来，使我们成为人群中独一无二的那个人。所以，当别人一次就能记住我们的姓名时，我们会感到被尊重，仿佛被记住名字是一种夸奖和荣幸。

中国古代礼仪文化十分重视名字的内涵和意义，有句古话说：“赐子千金，不如教子一艺；教子一艺，不如赐子好名。”可见古人把名字看得比千金重，比技艺重。名字不仅是一个代号，更蕴含了人们对一个人的美好祝愿和爱意、敬意。

有个古代故事，讲述了一位军心所向、百战百胜的将军善记人名的事迹。据说这位将军带领的士兵一直是最勇猛的，每次上战场，士兵们都听从指挥，奋勇杀敌，打过很多场胜仗，助这位将军立下赫赫军功。而士兵们齐心协力、骁勇善战的原因也很简单，因为这位将军记得全军中每个士兵的名字。每次演武练兵时，将军都能准确地说出每个士兵的名字，说出他们的优缺点、家庭事迹、职务情况。这赢得了全体士兵的好感，他们认为将军是真的把他们当亲人、当朋友，而不仅仅是手下的一个兵，是真正尊重、关注、爱护他们的。所以这位将军所带领的军队士气高昂，具有一定的凝聚力和战斗力，自然在战场上所向披靡。

人同此心，心同此理。记住别人的名字在今天的社交生活中也是礼仪第一课，能够帮助我们在人际交往中左右逢源。

社交中记住对方的名字，能够传递给对方我们对其感兴趣的信号，会让对方觉得自己是个有魅力的人。而且礼貌是相互的，你重视对方，恭敬地叫出对方的名字，尊重其在社交中的独特性，对方也会对你施以礼遇，并在心中给你打个较高的印象分。

很多星级酒店和奢华酒店，服务人员在登记客人信息时，都会有意识地记住客人的名字，并在后续服务中，准确地叫出对方的姓氏。比如，我们外出归来，在酒店大堂遇到服务人员，被微笑着问候“王先生您好”，自然比简单的“您好”更有感染力。这种记住他人姓名的酒店服务，受到很多客人的喜欢，他们表示自己被这样称呼的时候，收获了宾至如归的愉悦感，也愿意因为这种礼仪细节，而在以后继续选择这样的酒店。

像这类星级酒店，仅仅是记住客人的名字，就能让顾客对酒店的服务褒奖有加，从而在营销上成功了一半。所以在社交中，我们也要掌握这个诀窍，为自己的成功铺路。

那么，如何快速记住他人的名字呢？我们在与陌生人第一次见面时，当对方报出姓名后，我们可以重复一遍对方的名字，并适当夸奖对方的名字。这个重复的过程既能纠正自己的发音，加深记忆，又能让对方觉得你是个有礼有心之人。另外，为了快速记住对方的名字，还可以在交流中多使用对方的名字，用复现加深记忆。

现代社交中，我们想拓展自己的人脉，塑造自己有修养、尊重人的好形象，就要注意在第一次见面互相介绍时，就记住对方的名字，并在下次交往时能直接、正确地称呼对方，给对方以被关心和被尊重的感觉。想做人际交往中谦和有礼的人，就从记住对方的名字开始吧！

称呼只在瞬间，影响却能久远

如何称呼别人，是我们与人打交道时需要面对的首要问题。得体地称呼对方，既能保证社交双方沟通顺畅，又能显示出自身的素质和礼仪修养。相反，如果称呼不当，不但会显得自己礼数不周、情商较低，还可能闹出笑话，惹得对方不满，为我们的社交带来障碍。

古时候交通不便，不像我们今天这样出门有导航，旅游住酒店。很多出门在外的远行者，不但需要经常打听路线，还要费劲儿找住宿的地方。曾经就有一位远行的旅人，骑马路过一处山林，想找一家最近的客栈歇脚，却因为称呼无礼，被人戏耍教育了一通。

一天，这位远行者正迷路兜圈，找不到客栈，忽见前面来了一位背柴的老人，便上前问路。远行者骑马来到老人身边，问道：“喂！离这儿最近的客栈往哪边走？还有多远啊？”老人看着这位远行者，抬抬手说：“五里！”

听到老人的回答，这位远行者心想：“五里也不算远。”

于是转身策马狂奔，奔赴客栈。可没想到，骑了快十里路，也没见到有客栈。这人停下仔细一想，才明白老人说的是“无礼”，而非“五里”，原来是自己没礼貌的一声“喂”惹怒了老人。

这位远行者转悠半晌，又遇见了这位老人，这回他下马屈身，和老人打招呼说：“这位老伯，您知道最近的客栈有多远吗？”老人见远行者称呼尊敬，态度谦逊，才回答说：“这附近没有客栈，但看在你这次如此有礼，我可以带你去我家借宿。”

一句错误的称呼害自己兜了个大圈子；一句有礼的称呼则能让自己获得帮助。可见，社交礼仪中的称呼问题看起来是小细节，其实内里学问很大，甚至能影响我们在社交中的人缘。在中国的传统礼仪中，针对如何称呼人有很多原则，这些原则让我们在任何场合下都能恰当地称呼他人，赢得对方的好感。

《礼记》中有言：“礼者，自卑而尊人。”意思是说，有礼貌的人要谦卑地对待自己或者自己一方的人，而对待他人则需要尊敬。中国礼仪将对人的称呼，分为敬称和谦称，而古代的一些称呼方式直至今天仍有应用。

敬称就是在称呼中使用敬语，比如：“阁下贵姓？”称呼对方为“阁下”是一种敬称，而“贵姓”从字面意思就能看出是在礼敬对方，属于敬语。像这样询问对方称呼的方式，既能让对方感觉受到尊重，又能显示出自己谈吐儒雅、有教养。

除了抬高对方姓氏问“贵姓”，中国礼仪在表示尊敬称呼时，还经常会在称谓之前加一个“令”字，表示美好的意思。比如“令尊”是对他人父亲的尊称，“令堂”是对他人母亲的尊称。像“贵姓”“令堂”“令尊”这类传统敬称，在今天的社交场合中仍在应用。

敬称在社交中是对对方使用的，而谦称则是对自己使用的。中国礼仪中使用谦称，主要是为了表现说话者的低调、谦和，从而给人谦虚有礼的印象。比如古代皇帝会自称“孤”，取孤家寡人之意，臣子会自称“微臣”“老臣”等，这些称呼都合乎自谦敬人的礼仪。除了君臣这类今天社交中已经不再使用的称呼，传统礼仪中也有一些流传至今仍在使用的谦称，比如“家父”“家母”这类称呼，在称谓前加上“家”字，也有谦虚之意。

此外，传统的称呼礼仪中还有“就高不就低”的原则。也就是说，在称呼别人时尽量降低自己的辈分或身份，抬高别人的辈分或身份，这样称呼对方，能让对方既觉得受到尊重，又有亲切的感觉。

以上这些传统称呼礼仪于今天仍然适用，而且使用得当，还能帮你获得知书达礼的美誉，为你收获长久的好人缘。

我的朋友小张在称呼礼节上就十分有心，经常获得别人称赞，且这些得体的称呼也常让她在社交场所中一路“绿灯”，畅通无阻。

小张热爱阅读，经常去图书馆借书，每次借书都会跟馆内的管理员和工作人员打招呼，称呼对方为老师。即使有些图书馆人员只是临时工，她也不吝啬以尊称称呼对方。久而久之，馆内的工作人员都记住了有礼貌的小张，每次小张找不到想要的书，或者馆内有新书入库，管理员都会帮着小张找书或提前通知小张有关新书的信息。

恭维、尊敬他人，称呼一句“老师”，不但帮小张赢得了知书达礼的美誉，还让她享受了图书馆阅读的便利。这就是礼貌用语的力量，一瞬间的敬称，赢得的是更长久的好评和社交便利。

遵循中国称呼礼仪中自谦敬人、“就高不就低”的原则，日常交流中要多使用“贵姓”“令尊”“令堂”“尊夫人”“贤弟”“老师”等尊重他人身份的敬称，就能用称呼在他人心中种下亲切有礼的种子，在社交生活中收获他人的好感与尊重。

“祖传”握手礼，传递温度和尊重

握手礼是现代社交中最常见的一种礼仪，广泛应用于商务会面、交友等场合。与人会面时，点头礼太随意，鞠躬礼太正式，拥抱礼肢体接触较多，不是很符合中国人的文化习惯，所以握手礼就变成社交的首选招呼礼。

或许有人认为，握手礼是从西方传过来的礼仪，并非中国传统礼仪。其实不然，早在先秦时期，我们的祖先就已经在使用和握手礼类似的动作了。这种和现代握手礼相似的动作，在我国古代被称为“执手礼”。

关于执手礼的记载，最早见于魏晋南北朝时期的文献中。

东晋时期，北方地区举办丧礼，在亲友前来吊唁时，主人家需要向客人执手致谢，这和今天我们参加追悼会，吊唁死者后要慰问家属、与家属握手，在礼节上有着相似之处。

除了用于古代吊唁场合，与今天握手礼相似的执手礼，在古代礼仪文化中还有尊敬、感谢、不舍等多方面含义，被广泛应用于送别、慰问等许多场合。

《南史》曾经记载过这样一段故事：南朝武陵内史刘悛为官清廉、管理有方，深得民众爱戴。当时明帝驾崩，刘悛根据为官之礼，前去都城为明帝奔丧。武陵的百姓知道刘悛将要离开，成千上万人排着队去送他；而刘悛见到热情的送行百姓，也与百姓一一执手，一边依依不舍，一边对着百姓哭泣。现场百姓对刘悛执手之礼的做法十分感动。

这里刘悛与百姓执手，就类似今天领导下基层慰问百姓，与百姓亲切地握手、打招呼，以表示对百姓的感谢与尊重。而百姓与刘悛执手，表达的是一份爱戴、敬重的情感。

由此可见，标准的握手礼虽是现代西方礼仪，但中国礼仪文化中也早有相似内容，我们也并非照搬他人之礼，而是有自己的礼仪文化底蕴深藏其中。

除了执手礼，中国传统礼仪中与握手相似的还有一种“奉手礼”，见礼者双手握住对方一只手，表示尊敬亲密的含义。《礼记》中记载，这种奉手礼一般用于小孩子对长辈见礼，需双手握住长辈一只手来表达敬意。这和今天的握手礼已经基本相似，如今国家领导慰问德高望重的人物时，也会采用这种双手握住对方一只手的方式，以表示足够的敬意。

无论是古代的执手礼、奉手礼，还是演变至今的握手礼，礼仪的目的都是在双方握手时传递温暖和尊重。所以，我们需要对握手的方式、力度、时间等都有恰当的把握，重视握手时的小细节，才能通过握手将美好感情传递给他人。

大学毕业典礼上都会有颁发学位证书和校长为学生拨学位帽上流苏的环节。一般在这个环节中，校长会与学生握手，恭喜学生毕业，祝福学生前程似锦。但在我见过的一些毕业典礼中，很多学生上台接受证书后，都习惯单手和校长握手，这甚至已经成为现在较为普遍的现象。

其实，这是一种错误的握手方式。我曾经听一位礼仪课老师讲过，这样的场合中，校长在年龄、学问上是长辈、前辈，而单手握手就是将双方的身份放在同等地位上，是比较无礼的方式。

所以，正确的握手方式是，学生应上前以双手握住校长的手，且握手时微微向前屈身，这样既能表达对校长教育栽培的感激之情，又能传递出学生对校长的尊重和敬意，显然，这是一种更合礼数的做法。

现代社交中，要想达到“握手言欢”的目的，我们可以从把握分寸、注意禁忌两个方面做起。

首先，握手礼的分寸很重要，忌握手力度过轻或过重。力度过重会让人觉得粗鲁无礼，而过轻会让人觉得你看不起对方、敷衍了事。所以，正确的做法是力度适中，用手掌和手指全握对方的手，并在握手后稍微上下摇晃，进行互动。除了力度，握手时间也要适中，一般三秒钟即可。特别是和同性握手，如果时间过长或者力度过大，会让对方觉得有挑衅之意。

其次，除了必要的分寸，握手礼也有很多禁忌。一是忌用左手握手，在一些国家，左手有其特殊的内涵，通常情况下，人们都会用右手握手。二是忌握手时掌心下压，与人握手时掌心下压，会让人觉得你是个目中无人的人，有不恭敬、不谦虚的意思。三是握手时忌戴手套、忌心不在焉，这两种做法都会让人觉得不被尊重。

中国作为礼仪之邦，具有悠久而丰富的传统礼仪文化，像握手礼这样中西通用的礼仪，若在社交中运用得好，既能传达友好亲切之意，又能彰显中国人的素质与文化底蕴。学会握手礼，在与国内外友人互动交流时，我们才能以礼服人，收获更多尊重与敬意。

初次见面，互换名片的学问

名片是我们在社交场合中经常要使用的物件，用于自我介绍和联络人脉。初次见面，互换名片既是一种社交礼仪，也能让人通过名片上的简介，快速了解你的基本信息，方便后续的沟通交流。可能很多人认为，一见面就互换名片的礼仪源自现代西方社交礼仪，是后来才传入中国的，其实并非如此。中国传统礼仪文化源远流长，早在秦汉时期，古人就开始使用名片了，只不过古时礼仪并不将之称为“名片”，而是叫作“名帖”“名刺”，其功能与今天的名片相同。直到清朝时期，才正式使用“名片”这种叫法。

中国社交礼仪看重身份，名片则是集中显示一个人基本信息、身份背景的工具。古往今来，在中国礼仪观念中，都将互换名片视为新朋友初次见面时互表敬意和礼貌的象征，同时这也是一种高效的社交方式。初次见面时，是否懂得与他人互换名片的礼仪学问，直接关系到你的社交成败。

一次全国糖酒新品交流会上，某公司王总看到了业内闻名的新旭集团的张董事长，想结识对方，聊聊新品联名合作的事。在交流会晚宴上，王总热情地跟张董打招呼、做自我介绍，随后又将自己的名片递给对方。张董事长单手接过名片，随意地瞄了一眼，就给了身后的助理。这一系列动作让热情满满的王总觉得很尴尬，心里觉得张董可能看不起与自己的合作，遂打消了继续谈联名合作的想法，转而找场上其他企业的老板洽谈。后来，王总联系了别的合作公司，这个联名产品的营销创意落实后，获得了不错的市场反馈，产品成为行业内新晋“顶流”，也成为张董公司的头号竞品。

张董一个无礼的接名片的动作，断送了一次有潜力的合作，也间接给自己增加了一名竞争对手，可见互换名片的礼节不仅是个人礼仪素质，也能决定你的社交路上有多少朋友，能获得多少帮助。

有别于张董无礼地接名片，得体地递送名片则可以帮我们拓宽社交面，收获他人的欣赏与认同。

曾有一家上市公司同时面试小李和小顾两位新人。小李口才了得，在回答面试问题时滔滔不绝，而小顾虽然言语不多，却在自我介绍时拿出了自己精心制作的名片，双手递上前，彬彬有礼地介绍自己的情况，并讲述自己对应聘职位的想法。最后小李被刷下，小顾被录用了。面试官对小顾说："是你那张精致的名片让我决定录用你。礼仪是一个人，乃至一个公司的门面，我觉得像我们这样的上市公司，需要你这样懂规矩、守礼节的人代表公司去对接沟通。"

可见，一张精致的名片展示的不仅是一个人的能力和专业度，更是在告诉对方："我很重视你，我要用最好的面貌接待你。"

那么，在互换名片时，哪些礼仪既传承了中国式礼仪观念，又适合现代社会呢？以下这些互换名片的学问我们不可不知。

一般情况下，如果我们想结识别人，可以先主动递上自己的名片，同时换回对方的名片。递送名片的时候要注意，按照"先尊后卑，由长及幼"的顺序递送，且名片需正面朝上，可以用双手拇指和食指捏住名片的两角，微笑着递给对方，并在递送名片的同时说一些礼貌的话，比如可以温和正式地说："久仰大名，在下是某某，这是我的名片，以后咱们有空常联系。"但要切记，初次见面不可直接说："给我张名片吧！"用这种过于随意的方式索要名片，会给人居高临下、颐指气使的感觉，是一种没有礼貌的做法。

在递给对方名片后，如果对方不了解名片交换礼仪，或者忘记回赠名片，我们可以出言提醒："以后怎样与您联系呢？""以后有问题怎样向您请教呢？"根据交流对象的年龄、身份来措辞，这样委婉提醒对方互换名片，更容易给人留下有修养的好印象。

此外，我们在接收别人的名片时，也要注意用双手接过，表达谢意，并在接过名片后，现场认真阅读名片的内容，和对方确认名片信息，同时点头示意，表示出对对方的敬仰之情，再妥善将对方的名片收入衣服口袋或手提包，以表重视。切记不可面无表情地接收他人名片，这样会让人觉得你冷漠且无礼，可能并不是很想结识对方，会给后续的社交埋下隐患。

如果自己忘记带名片，则可以真诚地告诉对方："抱歉，忘带名片了/名片用完了。"然后询问对方，能不能交换其他联系方式，如邮箱、微信等。一定不可无故拒绝和别人交换名片，否则会让人觉得你看不起对方，也是失礼的表现。

初次见面，互换名片学问多，且名片如其人。学会得体地互换名片，我们才能在人际交往中拓展人脉资源，获得他人礼遇。

自我介绍有方法，人脉自然跟着来

自我介绍作为一种重要的社交礼仪，不但能帮我们和陌生人建立联系，还能将我们展示给他人，打开社交新局面。恰当的自我介绍能够让别人迅速了解我们，为接下来的沟通奠定基础，还能减少很多不必要的社交误会和麻烦。所谓“莫愁前路无知己，天下谁人不识君”，会自我介绍的人，朋友自然少不了，所以中国礼仪自古就重视自我介绍，人们将其视为表明身份和表达尊重的一种方式，还有相应的礼仪规矩。

古代礼仪中，自我介绍时一般会按照姓、名、字、籍贯的顺序来介绍自己。大大方方地自报家门，说明自己姓甚名谁，家住何处，显示的是与对方交流的诚意，以及自己对对方的敬意。

《岳飞传》里就写过，岳飞在两军交战时，在阵前自报家门，说自己来自河南省汤阴县孝悌里永和庄，姓岳名飞字鹏举。这种“来将通名”的自我介绍方式，就是古代礼仪的一种，表示自谦和敬人。

除了岳飞这样豪爽的“来将通名”，古人“求职”时的自我介绍也有满满的礼仪“干货”，值得我们借鉴。

大诗人李白就曾在《与韩荆州书》中写了一段优秀的自我介绍，其文如下：“白，陇西布衣，流落楚、汉。十五好剑术，遍干诸侯。三十成文章，历抵卿相。虽长不满七尺，而心雄万夫。皆王公大人许与气义。此畴曩心迹，安敢不尽于君侯哉！”

大致意思是：“我李白，是来自陇西的一介平民，曾在楚汉之地游历。我十五岁时爱好剑术，也拜谒过很多地方官。三十岁时文章有所成，借文章拜见过卿相显贵。虽然我不高，但是我有超过万人的雄心壮志，过往王公贵族也赞许我讲道义。这些过往的经历和心事，不敢不向您尽情表露。”

李白一篇才华横溢的自我介绍，字里行间既有阐述个人基本信息和经历的真诚磊落，又用自己的过往经历和与卿相显贵的交情，表明自己的人脉和优势，虽然是向韩荆州自荐，但是不卑不亢，结尾还强调不敢不向韩荆州表露过往心事行迹，体现了对韩荆州的重视、尊敬和信任。这样的自我介绍，自然是流传千古的范本。

连“诗仙”李白的自我介绍都如此谦虚谨慎、条理清晰，可见古人自我介绍时在语言、称呼、内容等方面需要注意的细节比较多。比如，古人在自我介绍时会对自己使用谦称，如和尚、道士会自称“贫僧”“贫道”，男子会称自己为“小生”等。这种在语气和用词上的自谦、礼貌，主动介绍家世、特长、经历、学识等基本信息，都是自我介绍的传统礼仪，放在当代社交中也仍然适用。

在今天的社交中，想顺利打开社交大门，彰显自身优势，实现人脉拓展，让他人觉得你的介绍大方有礼，就要掌握下面这些自我介绍的技巧。

自我介绍时要自信。自信地报出自己的姓名，并用肢体语言、眼神、表情表现自己希望交流和认识对方的诚意。自我介绍一定要语言清晰，忌含糊其词、模糊不清的自我介绍，否则会让人觉得你不够重视两人的交流，或者缺乏自信心，容易影响后续沟通。

自我介绍不是完全以自己为主角的交流，学会换位思考，能站在对方的角度分析对方想听哪方面的介绍，也是周到有礼貌的表现。所以，得体有礼的自我介绍应该根据交往目的的不同，有针对性地介绍，忌长篇大论，学会化繁为简才能在高效社交中给人留下有礼貌、有内涵的印象。比如，职场上自我介绍可以多说与自己专业、职业、经历相关的内容，少说兴趣、爱好。而在长辈或者尊敬的人面前，则可以谦虚地介绍自己的姓名、经历等最基本的情况，再根据对方的关注点，补充说明自己的情况。

此外，社交中最忌妄自尊大、眼高于顶，所以在自我介绍时，也要谨记中国传统礼仪中敬人谦己的原则，少用“第一”“特别”“很”这类极端词来称赞或形容自己，把握好介绍的分寸，注意态度的友善随和，用真实的介绍和从容不迫的自信态度打动对方，这样才能收获别人的肯定。

“过谦则无以明志，过骄则盛气凌人”，自我介绍就需要我们在率真坦诚、客观简洁中，找到落落大方的“度”。掌握好介绍礼仪中的分寸，才能通过礼貌的自我介绍，打开人际交往的大门。

微笑，社交中的“万能通行证”

俗话说：“相由心生，境由心造。”意思是我们的面相由我们的心境生成。当人们精神饱满、心情愉悦时，面相自然是明亮美好的；而当人们失意悲伤、焦躁抑郁时，通过面相表情传递给别人的，也将是灰暗的情绪色彩。

这也就解释了为什么社交中我们经常会遇到一些人，他们虽然衣着光鲜体面，但却总传递给人负面情绪和不良观感。一个人面相上缺少愉悦和微笑，即使再举止得当、进退有度，也会让人觉得为人倨傲、高不可攀，不是好相处之人。所以，社交中最高级的礼仪是微笑，用微笑创造温馨和谐的氛围，将你对他人的关怀、理解和尊重融入笑容，才是缩短人与人之间距离最礼貌、最友好的方式。

人们常说：“爱笑的人，运气总不会差”，拥有自信微笑的人，往往能在社交中获得“万能通行证”。某位访谈节目主持人平日里是个不苟言笑的人，面对工作总是态度严肃，可一旦面对采访嘉宾和镜头，他就会自信满满，笑逐颜开地和对方沟通。这位主持人微笑的面容加上机智的提问，令参与访谈的嘉宾感到十分愉快，甚至觉得和他聊天是一种享受。每次无论遇到多难访问的嘉宾，他都能循序渐进地引导对方，很精彩地完成访谈，这与他自信迷人的微笑，谦和、热情的态度，都是密不可分的。

微笑是人与人之间传达情感最好的礼节。与人见面时，一边点头一边自信地微笑，能让人感受到你的尊重和亲和力；谈话交流时适当地露出微笑，表达的是对对方的赞同和鼓励。微笑这种礼节作为一种“内力”，传递给他人的信号是“我很好相处”“我可靠可信”“我很认同你的情绪”。可以说，微笑赋予人一种很强的人格魅力和情绪感染力，传递的是一种热忱、关怀和对他人的善意。相反地，那些不会使用微笑之礼的人，则易给人“生人勿近”的无礼印象。

某位投资人参加一场晚宴，听说曾经合作的企业老板去世，公司换了新继承人，于是准备跟这位新老板打个招呼，谈谈新项目的合作。宴会上遇到这位新老板时，投资人发现这位新老板服饰华丽，看得出费了一番工夫装扮自己，应该是想崭露头角，给别人留个好印象。但很不幸的是，这位新老板跟谁聊天都是一副冷冰冰的表情，一脸冷漠、不见笑意，傲气凌人的样子，让人感到十分不愉快。于是这位投资人只是和对方简单地寒暄了几句，并未深聊新项目投资。他心想：“这样礼仪欠佳、一脸傲气的新人，得罪人的日子还在后头，还是观察一段时间再看看要不要合作吧。”

华服美饰好穿戴，而为自己穿上微笑这件“礼貌的外衣”，却不是人人都能做到的。学会微笑社交，你就能在人际交往中胜人一筹，拉近自己与他人的距离。

中国文化自古崇礼，古人尤其推崇微笑这种社交礼仪，认为微笑是真挚、坦诚的象征，能够传递给人信任、愉悦、友善等正面情绪，并对笑容之礼有一系列讲究。

《礼记·檀弓上·疏》中记载：“凡人大笑则露齿本，中笑则露齿，微笑则不见齿。”这段话将笑容分为大笑、中笑、微笑三个层次。古人礼仪中讲究含蓄微笑，笑不露齿是有礼的象征，而放荡不羁地露齿大笑，则会被认为是在讥讽别人，所以古代用“齿冷”表示对人的讥讽。另外，中国古礼中还讲究“笑需看时宜”，不可乱笑一通，要分场合和气氛，比如在探病时，笑容不可露牙龈，与长辈相处时，不可随意嬉笑。这些关于笑容的古礼，在今天虽不完全适用，但仍可取其精华，作为参考。

在今天的社交中，若想把微笑当成自己的“万能通行证”，让别人通过微笑认可你，就需要掌握一些微笑礼仪。

微笑之礼，真诚是根本。有些人脸上经常挂着一种“职业笑容”，表情僵硬，皮笑肉不笑，让人觉得敷衍、缺乏真情，容易给人不自在的感觉。这样的笑容不但不能传递尊敬和友善，还有可能引人反感，失去了微笑的意义。所以，我们用微笑交流时一定要真诚，可通过眼神传达出你的笑意，用目光平视对方，同时配合适当热情的言行，更能让人觉得你具有亲和力，为人真诚。

此外，能让人觉得舒心亲切的笑容，一定是自然大方的。所以，对他人礼貌微笑时，要注意控制五官表情，通过眼睛、微笑的嘴巴，把自信、积极的情绪传递给他人，让对方在你的笑容中获得正面情绪。同时需注意，即使自己处于心中不悦或者情绪低落的状态，也不要吝啬给对方一个笑容，心平气和的微笑能帮助我们消除负面情绪，同时安抚、鼓励对方。

礼仪之中最难得的就是温暖人心的力量，你的微笑留给他人的是宝贵的回忆，同时也是你在交际场合中畅通无阻的“通行证”。

鞠躬礼，在弯腰间尽显礼数

谈起现代人互相打招呼致敬的方式，点头、握手、鞠躬、拥抱都是比较常见的，而鞠躬又属于重大场合中使用频率比较高的一种，广泛出现于外交、道谢、默哀等多种场合。在很多中国人的印象里，会认为鞠躬礼不符合中国传统礼仪，是日本及韩国才普遍使用的礼仪。但事实上，鞠躬礼并非外来的，中国自古以来就有相关礼数。

《论语·乡党》中记载，孔子“入公门，鞠躬如也”。讲述的是，孔子每次经过朝堂的大门前，都会心存敬意，自然地向前屈曲身体。这里孔子屈身鞠躬，虽然并非一种固定的礼节，却表达了内心的谦虚和对国家的恭敬，是一种表达敬意的肢体语言。《出师表》中也有“鞠躬尽瘁，死而后已”的说法，这里的“鞠躬”虽然并非正式而具体的礼节，表达的却是一种竭尽全力、毕恭毕敬的态度，是礼仪精神层面的表达。类似这些关于“鞠躬”的记载，都是中国礼仪文化中鞠躬礼的源头，而鞠躬礼正式成为中国礼仪，则是在民国时期。

民国初期，为废除封建社会的磕头礼，民国政府颁布新礼仪，鞠躬礼就在其中。其主要适用于下级见上级，或者晚辈对长辈的行礼致敬。当时对鞠躬礼的规范要求是，行鞠躬礼前需先摘除帽子、围巾、手套，将手放在下腹部位，于身前交叉，或者双手自然下垂，之后再行鞠躬礼。行鞠躬礼时，弯腰的程度则根据场合和行礼对象而定。最郑重的鞠躬礼需要90度鞠躬，用于向德高望重或极为尊敬的人行礼。中间一种则可以弯腰45度，用于向长辈、前辈行礼。最轻的一种则是略微欠身即可，主要用于平辈朋友之间，或者作为长辈回礼晚辈时用，属于比较随意的一种鞠躬礼。从民国开始的鞠躬礼，在现代社交礼仪中仍在应用，并无太大变化。

中国鞠躬礼在弯腰鞠躬间，表达的是对他人的尊重与敬意，所谓“敬人者，人恒敬之”，通过鞠躬礼适当地表达敬意，我们收获的甚至可能是礼遇之外的善缘。当年吴宓用鞠躬礼打动王国维，劝说其进清华任教的故事，就是以礼敬人、得人回敬的典型例子。

1925年，清华大学正值蓬勃发展之际，因创办研究院，需要广纳贤能、延聘名师。当时清华大学邀请名师任教的一般流程，会先发公函写明聘请的诚意，并一一列出需要对方承担的课程任务、课时薪酬等内容，请对方考虑后以寄出聘书的方式回复。

当时吴宓教授负责筹办清华国学院，他想邀国学泰斗王国维任教，但吴宓深知王国维性格刚峻、学富五车，用发公函的方式邀请这样的学者领袖，未免不够诚意，有失恭敬。

思考之后，吴宓请清华校长亲笔写信邀请王国维，并拿着信，亲自登门拜访。

作为传统学者，王国维本来对吴宓这样“喝洋墨水”的海归学者心存偏见，并不待见对方。没想到，吴宓登门拜访，不但拿着清华校长的亲笔邀请信，还以礼贤下士的传统礼节，给王国维毕恭毕敬地鞠了三个躬，并双手呈上信件，言辞恳切地说明了清华国学院对王国维这样的国学大师的渴慕，希望其能够前来任教。

王国维被吴宓一番周到的礼仪打动了，当日就决定接受清华大学的聘书。后来，精于礼仪之道的王国维又给吴宓回礼，并一改之前对吴宓的偏见，用很正式的传统回礼，表示自己对吴宓的敬重。这次聘请经历也让二人成为终生之交，并因此传为佳话。

王国维与清华大学结缘的过程，吴宓之功至关重要。而这件事中最打动王国维的，正是吴宓的鞠躬礼。一个留洋海外的学者，仍坚持中国传统礼仪，毕恭毕敬地鞠躬邀请，自然让国学大师王国维心存感动，应允回敬。

日常社交中，我们使用的鞠躬礼，与前面所讲的民国时期的鞠躬礼并无太大差别，其表达含义完全一致，即较为郑重地对他人表示尊重和敬佩。在行鞠躬礼时，脱帽，摘手套，立正站好，背部挺直，双手放在双腿两侧或者身前，弯腰低头，弯腰最大幅度可至双手指尖到双膝为止，并注意行鞠躬礼时不能嚼口香糖、叼香烟或口中有食物。礼毕直起身后，可以再礼貌地注视对方一下，表示自己的专注和敬重。这样，一个完整的鞠躬礼就完成了。

弯腰之间尽显礼数，庄重之中传递敬意。人们在社交中都希望受到尊敬，在适当的时候使用鞠躬礼，将礼仪化作自身谦和的标签，那么在传递敬意的同时，我们也将收获他人同等的尊重。

第五章

中国式沟通礼仪：言行小改变，人生大转机

孔子云："礼者，敬人也。"所谓礼节，绝非阿谀奉承，也非繁文缛节，而是我们待人接物的言行规范，让我们在与人相处时，时刻保持礼貌与尊重。

沟通礼仪作为人际交往中最基础的礼仪，关注的是说话的艺术，是行为与语言相辅相成的智慧。你言行上的小改变，带给别人的也许就是如沐春风的沟通体验。所以，学好沟通礼仪，谨言慎行、有礼有节，一定能帮你在社交中赢得人生大转机。

拒绝之礼无定式，与人为善最有用

说起礼仪，很多人首先想到的可能是西式礼仪，并认为西式礼仪更为优雅正式，是社交活动中提升气场、塑造魅力的秘籍。其实，相比西式礼仪，中国作为"礼仪之邦"，在礼仪文明方面有更深的底蕴，中式礼仪更符合当下人情社会待人接物的需要。有时我们在社交中会觉得一些人能带来更舒适的感觉，

与其相处也更自在，这其实就是对方的礼仪在发挥作用。

中国文化中所说的“礼仪”，其实是两个内容，“礼”是内在思想，强调的是中国文化精神中尚德明理、遵善守义的部分，而“仪”是外在形式，是通过一定规范的仪式、行为、流程，来展现和遵守礼节。

守“礼”之心在乎思想，比起具体形式上的要求，中国礼仪更强调在言行举止中坚持自己善良的本质，行动时按照道德理性，保持推己及人的善心，自然就能守住礼节，不失礼数。

社交沟通中，拒绝别人是最容易失礼的事，我们面对五花八门的情况，并没有一套固定的规则来指导我们如何做才不失礼，但古人的礼仪智慧告诉我们：礼无定式，与人为善。

苏轼与苏辙兄弟二人在朝为官，其家乡父老都以乡里出了这两位“大人物”为荣。时值苏轼入京为官之际，一位老乡带着丰厚的礼物远道而来，希望苏轼及其弟弟苏辙帮他在京城谋一份差事。

因有同乡之谊，且登门请求的老乡又是苏轼的长辈，苏轼不便直言拒绝，可他又不想收受礼物帮对方谋差事。于是，苏轼就跟这位老乡寒暄起来，并笑呵呵地讲了一个寓言故事。

从前有个非常贫穷的人，为获得一些钱财就去挖掘伯夷的坟墓。正掘墓时，伯夷的魂魄出来说：“兄台，我饿死在首阳山，两袖清风，别无长物，也就只剩下这把枯骨了，你在我这儿又能挖到什么宝物呢？”见伯夷的鬼魂这样，盗墓者回答："那我就去挖叔齐的墓，总会有宝物吧？"伯夷笑着说："连我都这样了，我的弟弟叔齐还不如我呢，想必更帮不上你了，实在是抱歉了。"

苏轼这段寓言故事的弦外之音，就是委婉地告诉这位老乡：虽然您的苦衷我都懂，但是我和我弟弟苏辙，也像伯夷、叔齐这样两袖清风、身无长物，又如何能徇私帮助您？

老乡听懂了苏轼话里的委婉拒绝之意，却也并未生气，反而觉得苏轼虽然不能帮忙，却并未直接拒绝，而是寒暄闲聊，用寓言的方式委婉点拨，给自己留足了面子。这种迂回的拒绝方式，让老乡觉得苏轼尊重自己，且没有因为自己是一介百姓而看轻自己，反而很感谢苏轼。

像苏轼这样委婉拒绝他人的方式，就是中国文化中强调的"礼"，含蓄内敛、点到即止，即使拒绝，也不伤人，以向善之心对待他人，既理解他人的难处，又尊重和维护他人的脸面。这是中国礼仪由心出发的学问，即使在今天的社会交往、沟通交流中，也仍然适用。

在人际交往中，我们不可能对他人的要求有求必应，拒绝他人是我们必须面对的社交问题。想要不失礼数地拒绝他人，像苏轼这样说着拒绝的话，却仍留给对方舒服的交流体验和有礼的印象，那么我们不妨记住下面这些拒绝人的礼仪技巧。

首先，要想礼貌地拒绝对方，不要直接说"不"，否则容易给对方造成打击，甚至惹怒对方。我们可以诚恳而委婉地说出自己的难处，同时表达歉意，这样能够换得对方的理解，就算拒绝对方，也不容易交恶，不会让对方觉得你是因为自私自利才拒绝他，而是“爱莫能助”。

其次，有理更要有礼。拒绝他人时，应给出明确的理由，避免模棱两可的回答，让对方误会就不好了。坦坦荡荡地拒绝，才能在以后和对方相处时大大方方地交流，不因拒绝而产生隔阂。

另外，中国礼仪中的“善”，讲究不伤他人自尊，不驳他人面子，所以在拒绝他人时，我们也要记得礼仪精神中的“善”，切不可拆人台阶，让别人下不来台，要学会将拒绝的话留三分，而不必说得太死。当我们委婉地告诉他人要“再考虑一下”时，对方就能感受到拒绝之意。

以上这样措辞委婉、讲究技巧的拒绝，能帮我们在拒绝的同时，表达对他人的敬意与礼貌，不因拒绝而拉远与他人的距离。

六个要素，让道歉更易被接受

古语有云：“知错能改，善莫大焉。”人犯错并不可怕，只要勇于承认过失、及时改正，就能获得他人谅解，重拾友谊与敬重。人际交往中，如果我们做了一些言行失当的事，或者叨扰、伤害了别人，最礼貌的做法就是及时向对方道歉，求得对方原谅。所谓“礼多人不怪”，有礼有节的道歉能消解他人怨气，化解彼此矛盾，而敢于真诚道歉则是一个人最可贵的品质，彰显的是一个人骨子里的广阔胸襟和温良品行。

中国文化素来提倡修身养德、崇礼尚义，所以古代礼仪更看重如何有情有义、不失优雅地道歉，像书信致歉、转达调和、借物致歉、登门道歉等都是古人常用的道歉方式，其中很多道歉礼仪延续至今，在今天的人际交往中仍十分常见。我们想学习高明的道歉方式，不如撷取古人智慧，分析学习古人表达歉意的方式，体会其中中国传统礼仪诚挚、担当、勇敢、含蓄的精神。

《三国志》中曾记载过这样一个故事：曹操的正室是丁夫人，此女一直无子，而曹操早逝的刘夫人却留下一个儿子曹昂，由丁夫人抚养。丁夫人十分疼爱这个儿子，将其视为己出。原本母慈子孝，谁料到，因为曹操的一桩风流事，惹出了兵变的乱子，导致其子曹昂死在战场，让丁夫人悲痛欲绝。

丁夫人因痛失儿子哭闹不止，搞得曹操不胜其烦。难以忍受夫人哭闹的曹操一时气闷，就和丁夫人大吵一通，并遣她回娘家。

曹操冷静下来后，觉得丁夫人丧子已经很惨了，哭闹也属正常，往日丁夫人与自己恩爱有加，就这样遣她回娘家，实在不妥。想到这里，曹操后悔不已，想找丁夫人道歉，希望能哄她回来。

曹操来到丁夫人屋外，下人通报后，丁夫人却假装没见到曹操来。曹操知道这是夫人还没消气，于是来到丁夫人面前，一边轻声呼唤丁夫人的名字，一边用手抚摸丁夫人的背，诚恳地说："我的好夫人，是我的错，跟我回去好不好？"

但无论曹操如何哄，如何拱手作揖，丁夫人都无动于衷。最后曹操只好拂袖离去，直到走到门口，他还在回头翘望，希望丁夫人能回心转意。

虽然因为丧子之事过于悲痛，丁夫人最后没有原谅曹操，但是通过曹操给丁夫人道歉的一系列行为和礼仪，我们能对中国文化中道歉之礼有进一步的了解。

曹操"抚背"的动作，在古代礼仪中有"致歉"的意味，而他所行的"拱手礼"也有表达歉意的含义。《新世说·卷七》中就有"越日，续又谒胡，胡一见即拱手道歉"的例子，用拱手礼表达歉意，属于古今通用的道歉礼仪，今天我们跟别人道歉时也仍可用拱手礼，表达的则是较为诚挚的道歉之情。

在犯了错误后，要想让自己的道歉更容易被人接受，更好地重建你与他人之间的亲密关系，除了要传承或借鉴古人的礼节动作外，还应把握以下六个要素。

第一，真诚致歉。道歉或许不需要华丽的语言，但一定需要真诚的态度。承认自己犯错，承认错误在自己，才能让他人重拾与你沟通交流的信心。

第二，解释犯错原因。能认识到错误原因，才说明道歉者真正地思考了。让对方看到你的自省与坦诚，找到问题的症结所在，才能为后续的交流扫清障碍。

第三，承担责任。不推卸责任、勇于承担，是中华民族传统的美德，也是传统礼仪所推崇的“义”。你有情有义，别人与你交往时才能获得安定、踏实的感觉，自然也更容易原谅那些无伤大雅的错误。

第四，表示悔改。知错能改，体现的是一个人的觉悟和能力。能够容忍别人的错误是胸怀，而能够改正自己的错误则是智慧。不耽误他人，不放纵自己，这样的自律和自省，是一个人礼仪方面十分重要的修养。

第五，提出弥补。弥补错误是解决问题的一种方式，也是最能显示道歉诚意的一种方式。口头上道歉很容易，但能用行动道歉，解决因自己犯错而带来的麻烦，才是真心实意的道歉。

第六，请求原谅。道歉不是一个人的独角戏，有礼貌的道歉一定要寻求对方原谅。请求的过程也是对对方的一种尊重，传达的是“我很重视你的感受和想法”的信号，是对他人的敬意和关注。

现代社交中，道歉时掌握以上六个要素，你的道歉之礼才更容易被他人接受。我们要记住，道歉从来不是对谁的惩罚，而是一种谦逊的修养，是消除隔阂、拉近人与人之间关系的一剂良方。

善于说话是能力，善于倾听是修养

中国传统礼仪十分重视对君子“听容”的约束，所谓“听容”，简单来说，就是听人说话的礼仪。《礼记·曲礼上》有言“正尔容，听必恭”“立必正方，不倾听”，这两句讲的是，在听尊敬的长辈说话时，要保持容色端庄，以恭敬的态度去聆听；在倾听他人说话时，则要面向对方，不可歪着头听，这样才是有礼貌的行为。可见古人十分重视倾听方面的礼节，很多典籍都在教我们如何做个礼貌的倾听者。其实，这与今天我们所推崇的社交礼仪有着相似之处，都强调要尊重讲话者，重视对方在交流中的感受。

生而为人，我们都有两只耳朵，却只有一张嘴，这也许就是提醒我们，要多倾听，少说话，因为善于言辞是一种能力，而懂得倾听却是一种修养。

很久以前，有一大一小两个相邻的国家，大国国力强大，经常越界骚扰小国，让小国感到威胁。两国之间关于边境问题的交涉，总是因为大国国君强势且不爱听他人言，而无法顺利进行。某天，小国使者带着三个小金人进献给大国，并给这位大国君主出了一道考题，使者带来的三个小金人外表看起来一模一样，他却让君主猜哪个小金人最有价值。

这个问题难坏了这位大国君主，为了在小国使者面前不失颜面，他找了很多人来解答，大家却都认为三个小金人价值是一样的，难以区别判断。正在一筹莫展的时候，一位大臣忽然说，他知道哪个小金人最有价值。

只见他拿出三根稻草，分别插入三个小金人的耳朵里，第一根草从第一个小金人的另一只耳朵里出来，第二根草从第二个小金人的嘴巴里出来，而插入第三个小金人耳朵里的稻草却不声不响地掉进了小金人的肚子里。所以，这位大臣认为第三只小金人最有价值，正所谓“有容乃大”，第三个小金人善于倾听，就能更好地接纳外界事物，自然更有价值。使者表示答案完全正确，并委婉地表示，希望大国君主也能像最有价值的小金人这样，善听人言，能好好地与小国交流，促进两国和平相处，共同繁荣。

俗话说：“三人行，必有我师。”善于倾听的人能更好地接受别人的建议，把倾听的过程变成一种收获。而在收获的过程中，因为倾听者的倾听，讲话者也会有一种被尊重的舒心感，进而对倾听者产生好感和依赖，双方的关系也会因为这样的良性互动而越发亲近。所以，在人际交往中，我们偶尔会发现这样一种现象：有些人虽然不爱说话，但与之交流却能给人相见恨晚的感觉；另一些人滔滔不绝、舌灿莲花，我们却只觉得他们聒噪、吵闹，想要远离他们。

其实道理很简单，人们都希望在与他人的交流中感到轻松愉悦，同时又希望自己在社交中能够获得他人的尊重和关注。与善于倾听者交流，对方能把你的观点听到心里，他们倾听时专注的表情、真诚的态度，点点滴滴都让人觉得自己说的话很重要，能让人产生一种被认真对待、被认同理解的感觉。所以，能够礼貌倾听他人说话的人，有时比妙语连珠、滔滔不绝的人更容易被喜欢，他们倾听时的礼貌和风度，对倾诉者而言，是超越语言的礼赞。

社交中，没有人能一直处于“说”的位置，双方畅通无阻的交流应建立在互相理解、互相尊重的基础上。中国礼仪讲究己所不欲、勿施于人，讲究将心比心、急人所急，我们在社交中希望自己说的话能被别人理解和重视，所以，推己及人，别人讲话时，我们也要注意倾听礼仪。

在听他人讲话时，你可以目光柔和地注视对方，通过眼神的交流让对方知道你在倾听。你全神贯注的眼神能让对方感受到无声的认同和鼓励，对方也自然会对认真倾听的你抱有更多好感。

此外，一个礼貌的倾听者不能只用目光关注谈话者，自己却一言不发，而应适时地“配合”。没有什么比听众的反馈更能让发言者愉悦。倾听他人说话时，适时地点头，并偶尔用“嗯”“对，确实这样”“你说得没错”这类简洁的话语表明自己的态度，更能让对方觉得你在认真倾听，是个志同道合又善解人意的人。

在社交场合中，倾听也是一种参与。把滔滔不绝做主角的机会让给别人，做个礼貌的倾听者吧，相信你一定能给人留下周到贴心、谦和有礼的印象，也会让人在与你交流和诉说时有如沐春风的舒适感。这样听时有礼，说时到位，才能帮你在人际交往中少走弯路，多结益友。

别让无礼话题，变成你的社交绊脚石

聊天是社交中的重头戏，人与人交谈时，会比较留意自己说话时的表情、动作、态度等这些细节，认为把言行举止的基本礼仪做好，就能成为别人眼中得体且有修养的人。然而，交谈之礼远远不局限于这些细节，从你选择的聊天话题开始，你的礼仪教养就已表露无遗。

传统礼仪重视谈话之礼，对其中的规矩和学问都有具体指导，比如在《礼记·少仪》中，对谈话之礼是这样记载的："不窥密，不旁狎，不道旧故，不戏色。"意思是说，我们与人有礼交谈，要注意不能窥探对方的隐私，不能与对方过于亲密或戏耍、逗弄对方，不能揭人短，不能有傲慢、嬉笑、侮辱的言语。其中"不窥密"一句，就是对选择交谈话题的指导，这一点在今天的社交谈话礼仪中也十分重要。

媛媛有小于和小方两个好朋友，小于是一位名不见经传的小演员，而小方是一位娱乐公众号写手。媛媛因为和这两位朋友关系都很好，于是想介绍她们互相认识，这样平时还能约两个好姐妹一起出来玩儿。

这天，媛媛组了个饭局，叫两人一起出来，初次见面的小于和小方，就在饭局上闲聊起来。小方主要写公众号娱乐新闻，便特意说起了相关话题，想跟小于打听一下圈内的八卦新闻。

小于为人谨言慎行，又因工作环境人际关系复杂，并不想在朋友聚会时谈论这些娱乐圈的内情，所以简单地回复了两句，就开始转移话题。可小方好不容易逮到一个"活的"演员，在好奇心的驱使下，她仍然在言谈间穷追不舍，一会儿跟小于打听网上流传的八卦是不是真的，一会儿又问某某影视剧内幕消息。一顿饭的工夫，小方扰得小于不胜其烦，后来还是组局的媛媛见小于脸色不对，意识到这些话题对她而言过于敏感，所以找借口换了话题，才拯救了被追问的小于。

事后，小于委婉地对媛媛说：“咱们两个是姐妹，但朋友的朋友，也许未必能做好朋友。今天你的朋友小方实在有些没礼貌，明明已经告诉她不方便说，却还是追着问，这也太不懂得尊重人了。”

其实，像小方这样为了好奇心和一己私欲而不顾他人感受，在谈话中反复窥探他人隐私，选择让对方不悦的话题的人，在生活中比比皆是。这样的人不但格局太小，显得自身素质不高，而且没有礼数，容易得罪人，如果不改掉自己的毛病，只会让自己的路越走越窄。对此我们要引以为戒。

《礼记·仪礼》中讲“言语之美，穆穆皇皇”，强调中华用语不光谦和、恭敬，也讲究谈吐文雅，这才是有礼有节的说话方式。一个人想要获得别人的尊重和喜爱，首先就要学会尊重别人。我们在前面说过的表情、姿态固然是礼仪的基础，但是也不能忽略了言辞的重要性。尤其与陌生人初次见面，在不了解对方为人和喜好的前提下，更不能在交谈时失了分寸，懂得远近亲疏，不逾矩、有尺度，才能真正让对方觉得你是个彬彬有礼之人。

生活中，我们总能遇到这样一些人，他们喜欢打听别人的隐私，会把别人的伤心事、糗事当作笑料四处宣扬，会刨根问底询问一些尴尬的问题，根本不顾及别人的感受。所谓“矮子面前不说短”，谈论对方的缺陷或短处，或做出轻浮的举止、强人所难的行为，都是无礼的表现，是我们在社交时必须杜绝的。

中国礼仪讲究“己所不欲，勿施于人”，相信谁都不希望自己在社交场合中被人追问尴尬的话题而下不来台。所以交谈时应注意换位思考：这个话题是否会困扰对方？自己在被追问或纠缠时会有什么样的心情？久而久之，我们就会选择话题了。

和谐有礼的社交谈话中，人人都是主角，所以不要在谈话中唱独角戏，要主动选择一些让对方有话可说，能够接上茬儿的话题。给对方说话的机会，这样才能让谈话进行下去，让聊天为社交升温。而遇到禁忌话题要会“转弯儿”，发现对方有不想继续聊下去的意思，则需要考虑对方的处境，巧妙地转移话题，给对方喘息的机会。这些都是与人沟通时选择话题的礼数。

沟通之礼是待人接物的修行，从“礼”开始选好你的社交话题，你才能在与人相处中打造彬彬有礼的形象，跨出社交成功的第一步。

过分玩笑引发的“灭国之灾”

《礼记·曲礼上》有这样一句话：“礼尚往来。往而不来，非礼也；来而不往，亦非礼也。”告诉人们在与人相处时，要懂得礼尚往来，有来有往才不失礼。如果总去照顾别人却得不到回报，这是不合礼数的；反之，如果一个人总是接受别人的优待，却不给予对方回报，也是不合礼数的。

中国礼仪讲究“人敬我一尺，我敬人一丈”，能礼尚往来，把握与人相处的分寸和尺度，是礼仪的基础。如果我们希望受到别人的尊重和礼貌的对待，就应该先学会尊重别人，对别人施以礼遇。然而，古往今来总有一些人，在言行举止上没有分寸和尺度，把恶劣当有趣，把无知当玩笑，暴露了自己缺少教养与素质的无礼之态。

《史记》中就曾记录过这样一个故事：春秋时期，齐桓公在年纪很大时得了一位娇妻。这位娇妻原本是蔡国公主，名唤蔡姬，因为年轻貌美，深得齐桓公的宠爱，于是她渐渐开始恃宠而骄。

一日，齐桓公陪蔡姬去泛舟赏湖光，本来是很好的玩耍时光，蔡姬却偏偏要戏水胡闹。蔡姬想着，反正自己会游泳，不怕水，那就怎么开心怎么玩，于是，为了取乐，蔡姬就开始使劲儿摇晃游船。可齐桓公年事已高，哪受得了这种惊吓！他痛苦地抓着船帮，对蔡姬大喊道：“别摇晃了！”

无奈，蔡姬却是个没心没肺、不识礼数的人，眼见齐桓公大惊失色地求救，不但不听，反而继续恶劣地开玩笑，更使劲儿地摇晃船只，真正地惹怒了齐桓公。

待两人返回岸上，齐桓公心想：“不能只有你捉弄我，让我出洋相，我也得报复一下你，让你知道我的厉害。”

于是齐桓公下旨，要把蔡姬退回蔡国。蔡国国君蔡穆宗见自家妹妹哭哭啼啼地被退回来，觉得被齐桓公驳了脸面，一气之下居然把蔡姬转嫁他国。

接到蔡姬转嫁消息的齐桓公有点儿懵，他明明只是想开一个玩笑，单纯想吓吓蔡姬而已，又怎会真的不要蔡姬呢？而且蔡国国君这么快就把蔡姬另嫁他人，这样的行为也很过分。为了出这口气，齐桓公出兵讨伐蔡国，蔡穆宗见自己打不过齐桓公，只好投降了。

原本只是齐桓公和蔡姬两人之间的玩笑，最后却升级为两国间的战争。如果不是蔡姬无礼地胡闹，摇晃船只吓唬齐桓公，又不会看人脸色，不会适时终止自己的行为，又怎么会挑起这两个国家之间的战争呢？可谓失小礼，酿大祸，一个玩笑引发了一场“灭国之灾”。这也给那些喜欢与别人开玩笑的人提了个醒，玩笑要有尺度；一旦玩笑失去分寸，对别人而言可能就是一种伤害。

孔子在教育学生时，对沟通礼仪给出了独到的见解，他认为说话要会看“颜色”，也就是要根据谈话对象、谈话场合，灵活地掌握分寸。说话不会看“颜色”的人不是君子，缺乏推己及人的精神，这种行为也是无礼的表现。

这种沟通讲分寸的礼仪精神直到今天也仍然适用。一个人的言行举止反映的是他的教养和素质。能对别人开过分玩笑的人，无论外表如何文质彬彬、光鲜亮丽，其内心都一定不是个能尊重、理解和关照他人的人，其礼仪素养一定是不过关的。

在今天的社交中，我们要注意把握与别人开玩笑的尺度，不要拿着恶劣当有趣，用自己的个性去挑战别人的耐性。开玩笑时，要学会设身处地换位思考，关系好不等于什么话都能说，没恶意也不等于不会伤害对方。开口之前先想想，如果自己是对方，会不会因为这样的玩笑而难过？会不会因为这样的玩笑陷入困境？那些我们自己都无法承受的玩笑，自然也不适合跟别人开。

礼仪是说话时注意分寸，做事时注意场合。多考虑别人的难处，用仁慈之心交谈，周全地想想你的玩笑会不会过于犀利，这样不但是对他人的尊重，同时也是对自己的尊重。语言能温暖人心，也能伤害人心，我们若想成为说话深入人心的人，就该明白玩笑有分寸、说话看场合的礼仪之道。遵循出言有尺、嬉闹有度、做事有余、说话有德的中国礼仪，才能让人际交往的路越走越宽，让人脉关系帮自己成就一番事业。

沟通不是抢答，不要随便打断别人讲话

曾有一位哲学家说过："一个人向别人诉说自己，是一种天性；而能够认真对待他人对你的诉说，则是一种教养。"每个人都希望自己在交谈中有话语权，而真正有修养的人，不会随便打断别人的讲话，这是人与人之间相处最基本的礼节。沟通不是抢答，耐心地听别人把话说完，是对别人的尊重，更是对自己的尊重。

中国礼仪自古就对随便打断别人讲话的做法十分不齿，

认为这是一种无礼的行为。《礼记·曲礼上》中就曾说：“侍坐于先生，先生问焉，终则对。”意思是说，学生听老师讲课，侍奉老师左右，如果老师提问，则一定要等老师全部问完才能开始回答。尊师重道之礼，从不随便打断老师的讲话开始。我们认真倾听别人讲话，斟酌分析别人讲的内容，再认真地分享自己的观点，这是沟通交流的基本礼仪。然而，在今天快节奏的大环境下，一部分人已经忘记了中国传统礼仪中这份不急不躁、从容友善的精神，慢慢遗失了传统礼仪中沟通的修养。

一位留学归来的朋友叫来几位身边好友，组了一个饭局，说是很久没见大家，十分想念，希望能聚聚，并给朋友们都带了伴手礼。

聚餐过程中，这位留学归来的朋友亲切地给大家分发伴手礼，并兴致勃勃地分享这几年留学时的趣事，谈论国外的风土人情和读书经历。但是，在这位朋友讲得兴致盎然时，桌上另一位朋友笑笑总是打断对方，不时地说出自己的看法和经历，甚至说着说着就喧宾夺主，认为这位留学归来的朋友讲得不够具体，说她自己上次出国发生的某件事才叫精彩，随后跟大家大谈特谈起自己的旅游经历。

这让组局请大家吃饭的海归朋友十分难堪，最后散局时他悄悄跟另一位好友说：“笑笑怎么这样啊，亏我还给她带礼物呢！下次聚会再也不叫她了，有她在真难受。”

这位把同学聚会搞成“抢答大会”、频频打断他人说话的笑笑，就是失礼却不自知的典型，一个人以自我为中心，不顾及他人的感受，势必会遭到他人的厌烦。笑笑在别人做"主场"的饭局中，反客为主，打断别人说话，给人难堪，又不知道收敛。这是她自己失礼在先，不尊重别人的感受，那么别人不欢迎她再参加聚会，也无可厚非。

社交沟通中，会说话是一种能力，会闭嘴则是一种修养。《论语》中孔子对与人沟通的见解是："侍于君子有三愆：言未及之而言谓之躁，言及之而不言谓之隐，未见颜色而言谓之瞽。"这段话讲的是随侍君子时可能做出的三种无礼过失，第一个强调的就是"言未及之而言谓之躁"，也就是说话不要抢话，没轮到你说，你却争着说话，这是急躁的坏习惯，有失礼数。孔子这样教人说话，贯彻的就是礼仪文化中的君子之道，是一种尊重他人、推己及人的精神。

传承传统礼仪文化，吸取其中的礼仪精髓，我们要注意不能随便打断别人讲话，谈话场合中要分清主次，不可贸然抢人风头。我们可以用认真倾听和适当回应表示恭敬，当有意见要发表时也不贸然插话，等别人说完之后再说出自己的看法。这不但是对讲话者的尊重，也是对谈话秩序的一种尊重，展现的是我们自身不急不躁、谦和有礼、从容不迫的修养。

观察一个人的教养，要先看他能不能为他人着想。层次越高的人，越懂得尊重他人。而不随意打断别人讲话，是一种"以心度心，以身观身"的礼貌，是待人接物不可不学的礼仪之道。

失言不可怕，弥补有招更加分

俗话说：“人有失手，马有失蹄。”我们在人际交往中难免有说错话的时候，不慎失言，可能贻笑大方，也可能引起纠纷，但无论是哪种情况的失言，都会让说话人觉得丢脸，让听话者心生不满。

中国人重视交谈中的礼数，早在《论语·卫灵公》中孔子就说过：“可与言而不与之言，失人；不可与言而与之言，失言。知者不失人，亦不失言。”这段话的意思是：应该说话时不说，会丧失他人的信任；不该说话时乱说，又会让人觉得你是个冒失的人。聪明的人懂得把握让人信任和不失言之间的分寸。

可见，中国传统礼仪将失言视为无礼和缺乏智慧的行为，这与今天的沟通礼仪一脉相承，但是金无足赤，人无完人，我们难免会有说错话的时候，那么该怎么处理这种失礼的情况呢？失言不可怕，只要会巧妙地弥补，照样能留给人有礼有节、言语周到的好印象。守礼的古人在弥补失言方面早就有高招。

《晋书》中就曾记载阮籍巧妙化解失言困境的故事，从阮籍的言语间我们也能学到维护谈话之礼的妙计。

书中记载，某次阮籍和司马昭一起上朝，忽然有侍者上报，说有人杀死了自己的母亲。生性放荡不羁的阮籍随口念叨说：“这人杀死自己的父亲就算了，怎么能杀自己的母亲呢？”

一句不经思考、随性而出的话，让在场的大臣们哗然，大家交头接耳，小声嘀咕说：“阮籍这人怎能说出如此有违孝道、不知礼数的话呢？”

回过神儿来的阮籍也意识到自己失言，对这样一桩悲剧，不但轻飘飘地评论，还说出弑父这种有违忠孝之礼的话，实在是不应该。于是，他忙解释说：“大家别误会，我的意思是，山野禽兽只知道母亲是谁，而不认识父亲。杀死父亲就是禽兽一样的行为了，此人杀母，简直连禽兽都不如。”

一席弥补的话说得天衣无缝，让在场众人无法反驳。阮籍这招借题发挥，不但巧妙地平息了众怒，避免了自己一时失察的无礼话语惹来杀身之祸，同时也将错就错，扭转乾坤，在弥补的话语中适当地改变先前错误发言的含义，既缓解了失言失礼的尴尬，还为自己赢得了在场人的认同，可谓是在社交中教科书级别的弥补失言的操作方式。

在今天的社交言谈中，我们一方面要坚守传统礼仪中谨言慎行的要求，尽量避免失言，另一方面也要学习古人巧妙弥补失言的智慧，能够在关键时刻给自己台阶下。因此，我们可以借鉴以下两个弥补失言的技巧。

第一，借题发挥。失言不要怕，我们不必纠结于说错的话，既然已经失言了，就试着在错误的基础上，用幽默风趣的语言来改变谈话氛围。可以渲染错处，利用错误大做文章，巧妙地自圆其说，用合乎情理的论证将自己说错的内容转化为正确的内容，这样不但能缓解自身尴尬，也能安抚他人情绪。

第二，将错就错。交谈中如果不小心失言，可以不动声色地改变话语的走向，用弥补的话转移对方的注意力，使听者不自觉地顺着你的思路而思考，这样巧妙调动对方感情，也是有效弥补失言的方法。

比如，你见朋友穿的新裙子很丑，又不小心把内心话说出来了，那不如弥补一句："你上次那条裙子就很好看，显得你肤色更白，不过今天这条虽然款式一般，却显得你瘦好多呀！"这样弥补一句，既缓和了直接批评他人的无礼态度，又能让人转移注意力，让人觉得你的重点在后面，你其实是想夸对方瘦。这样一来，自然就不会让对方觉得受伤、难堪，有被冒犯之感。

当我们习惯在与人沟通时多一份谨慎、多一份机智，能够巧妙地弥补自己语言中的失误，不给他人找难堪，不给自己留尴尬，我们也就学会了和谐沟通的礼仪之道，也就能在不同的社交局面中"见招拆招"，使自己立于不败之地。

第六章

中国式商务礼仪：严谨得体，打造高端商务范儿

商场如战场，自古以来人们在利益之争中纵横捭阖，靠的不仅仅是天时地利，更是人和。想在商场上赢得人心，离不开实力打基础，更离不开礼仪攒人脉。能以礼待人、以“礼”服人的人，才能在商场社交中左右逢源。所以，严谨得体的礼仪规范，是我们迈入高端商务之路的第一课。

懂点拜访礼仪，轻松赢得客户

现代商务应酬，既是人与人之间的交际，也是企业之间的交际。一个人的礼仪举止不仅代表着自身的素质，更体现着其所在企业的实力与段位。重视商务社交中的礼仪，不但能帮我们赢得客户的信任与尊重，更能在行业中为企业塑造良好的口碑。商务礼仪重规矩，看细节，如何登门拜访，如何接待洽谈，都有一套规范。中国礼仪源远流长，传统社会中已有很多拜访他人的礼仪，学好这些传统拜访礼仪的精髓，就能在现代商务

工作中轻松赢得客户。

孔子曰："有朋自远方来，不亦乐乎？"客人登门拜访，说明他看重主人，这自然令人心悦；但如果不懂登门拜访的礼仪规矩，则很容易弄巧成拙，让好心拜访变坏事。所以，古人制定了往来拜访的各种规矩，以正拜访礼仪之风。

如果是第一次登门拜访他人，往往需要携带拜访礼物，古代称为"贽"。而贽的内容需要根据被拜访者的身份来准备，身份不同，贽也不同。这种礼仪和今天我们拜访客户要携带礼物有些类似，礼物表示对主人的尊敬。两者的差别在于，现代商务拜访送礼的物品较为自由，由个人或企业决定，只要得体即可。而古代的贽礼需要按照等级区分，有一套严谨的规格。如果送错，会被主人退回，并被认为有失身份。

另外，古代的知识分子，也就是士大夫阶层，登门拜访别人的礼仪则更为讲究。这类人会先向欲拜访对象递名片，这种名片用竹木制成，称之为刺，其作用是告诉主人"我是谁"，让主人知道客人即将来拜访，提前有个准备。有时候，有些爱摆架子的大人物会推三阻四，不接受客人的名片，客人还要在名片上写上拜见原因，多投递几次，才能得到接见。这与今天商务礼仪中拜访客户要先预约相似。古代平民拜访他人虽不用递名片，却也有拜访必须先敲门的礼仪，不可擅入他人家，需主人开门同意才行。

今天的商务拜访虽然已经和古代拜访社会环境中的拜访有所差别，但拜访礼仪仍有共通之处，预约、送礼得当、谨言慎行、客随主便等礼仪仍有应用，用好拜访礼，商务对接才会顺畅。

徐辉是一家食品公司的销售人员，最近正在和一家大型连锁超市接洽产品入驻的事。如果能够签订这笔订单，徐辉一年的销售额就能提前完成了，所以他特别重视这个项目，十分着急超市那边的反馈，想快点儿拿下订单。

为了尽快确定进货合作的事，徐辉多次跟超市那边的采购经理预约，但对方很忙，一直预约未果。于是，徐辉决定不再干等，而是直接登门拜访这位采购经理。

徐辉在到达对方的办公室后，经理秘书帮他做了通报，但得到的答复是，经理在开一个重要的会议，暂时不能接待，需要他等等。没想到，这一等就等了三个小时，徐辉愤愤不平，觉得对方太能摆架子了，一气之下，没打招呼就直接走了。

徐辉刚走不久，采购经理就开完会了。他火急火燎地赶来，却没在会客室看到徐辉，询问秘书后才知道，徐辉居然不告而别。这位经理也很生气，认为与徐辉这样毛躁又不懂礼貌的人合作，后续的问题也会有很多，所以项目的事还是慎重为好。结果，徐辉这个大单自然就“凉了”，因为贸然拜访，自己受了委屈，而不告而别又让别人觉得厌恶，实在是赔了夫人又折兵。

其实，事例中的徐辉就触犯了商务拜访的禁忌。如果他能事先致电，和对方预约好时间，或者因约不到对方而选择贸然拜访时，能带点儿伴手礼，表达叨扰之情，并在不想等待时对秘书寒暄几句，表示“今日时间有限，小小礼物聊表心意，希望等下次经理有时间，能再约见面”，就能让对方感受到他的有礼有心，可能也就不会丢掉这个单子。

所以，商务拜访时懂点儿拜访礼仪，让对方感受到你是个懂得尊重他人、稳重妥帖、礼貌周全的人，才能帮你更轻松地赢得客户。

商务拜访之前，要先学会跟人预约拜访时间，不要做“不速之客”，惹人厌烦。如果客户对你不感兴趣，不接受你的预约，不妨学习古人多递几次“名片”，同时说明你预约的原因，或诱之以利，或提出共同的问题，或表示虚心请教，或带礼物相赠等，让客户因你预约时礼貌的言谈举止而对你感兴趣，这样自然就能拜访成功，后续的洽谈也就不费劲儿了。

此外，商务礼仪之中，无事也要常登“三宝殿”。不要等用到客户的时候才登门拜访，否则容易给人市侩、狭隘、无礼的印象，会惹人反感。赢得客户的礼仪功夫在平时，逢年过节、特殊日期时，要记得定期拜访客户，维系情感。先以礼交朋友，再以利做生意，才能获得更长远的人脉。

礼仪不到位，商务难开展。拜访他人以礼为敲门砖，才能让我们在客户心中长久地留下位置，既赢得对方的信任和赞许，也赢得商场上更多的机遇和助力。

做好商务接待，小礼仪助推大业绩

商务接待中能否尽好地主之谊，让来客有宾至如归的感觉，是我们获得客户信任和好感的关键。有时候，破坏我们与客户之间合作关系的因素，可能并不是利益，而是接待客户时的乘车礼仪、迎客送客礼仪、奉茶谈话礼仪等小细节没有做到位，成为商务交际中的败笔，直接拉低了我们在客户心中的印象分。

中国礼仪自古就有礼宾好客的传统，从迎宾礼节到待客规矩，都有相应的礼仪准则。即使在今天的商务场合中，一些传统接待礼仪也并不过时，古人的很多礼节规矩可以与现代礼仪相互融合，让我们的商务接待更显热情有礼，进而获得客户的好评。

传统迎宾礼节讲究“迎新千里远”，即迎接贵客时，主人要在大门外等候；如果来客身份尊贵，主人还要远迎。古代“拥彗之礼”，就是倒置拿着扫把，恭敬地站在门口迎客，表示扫径待客。“郊迎之礼”则是更高规格的接待礼仪，即前往远郊迎客，表示足够的热情和尊敬。这和今天我们在商务场合接待贵客会去机场、火车站迎接，以表达对客户的重视和热情，有异曲同工之处。

传统礼仪中接待宾客时，请宾入座也有讲究。邀请宾客入座时，主人会拂拭宾客座席，像拂去灰尘一样的动作，其实并不是因为有灰，只是表达一种恭敬、尊重之情，有谦虚的含义。这类似今天我们接待时邀客户进公司或下榻酒店时，也会寒暄一下：“您辛苦了，招待不周，您别见怪。”表达的都是主人对来客的恭敬之意。

古人接待客人的礼仪虽然林林总总，十分丰富，但都是指导我们迎宾待客需处处礼让，时时尊敬，把客人的感受放在重要位置，才是有礼的待客之道。

当然，古人接待客人也有失礼的例子，张之洞的故事就是个典型，值得我们引以为戒。

晚清名臣张之洞常年身居高位，自命清高。身处官场的他喜好结交文人名士，对官职低于他的人不屑一顾，引起了很多人的不满，他们背后说张之洞不懂得君子礼仪。

某次，一位小有名气的布政使前去拜访张之洞，两人谈完公事后，布政使告辞，自命清高的张之洞看不起对方，只将他送到门厅就停下了。按照清朝官场礼仪，张之洞应该将布政使送到仪门才合礼数。布政使内心不悦，觉得被张之洞轻视和无礼对待，于是等他走到仪门时，故作神秘地说："下官还有一件重要事要告诉大人，请大人多走几步过来。"张之洞以为布政使有要事要说，于是又向前陪他走了几步。见布政使迟迟不说话，张之洞问道："你不是还有事说吗？"布政使回答道："下官是想告诉大人，按照礼仪制度，您身为总督，该送布政使到仪门。君子重礼，像您这样的朝廷重臣，代表大清的礼仪门面，更该守礼。现在您已经送我到仪门了，也请您留步吧。"

张之洞听后虽然生气，却也不好发作，因为这位布政使说的确实有道理，是自己无礼在先，也不能怪对方戏弄报复。

现代商务交往与古代同理，一个人在商务接待中代表的也是一个企业的门面。张之洞不守送客之理，也会被下属教育挖苦，被坊间批评。我们只有守接待之礼，将自己的热情、尊重、体贴传递给客户，才能收获称赞，借礼仪小优势，推动企业大发展。

许宣是一家纺织厂的老板，在工厂转型发展之际，他希望能拉到更多投资，助力企业转型。在接待前来考察的投资客户时，许宣为表诚意和礼貌，带着助理亲自去机场迎接客户。

许宣先和客户那边打好招呼，确定接机时间和来访客户的人员情况。提前到达机场的许宣翘首等待半天，见到客户出来，便热情地上前打招呼，与对方握手。随后，他又殷勤地打开车门，请客户上车，然后安排司机送客户前往早就预订好的酒店休息。

来到酒店后，许宣热情地送上早就准备好的小礼物，告诉客户这是他们厂生产的产品，希望对方喜欢。随后他又询问客户喜欢喝什么茶，并恭敬地给客户奉茶，一边喝茶一边谈投资的事。

几天的接待工作，许宣做得滴水不漏，客户十分满意，很顺利地答应给许宣的纺织厂投资。

客户临别时这样对许宣说："这几天你的热情周到，我们都看在眼里。我觉得像你这样细心又为他人着想、礼数周到、做事有条理的老板，做企业也一定稳妥，我们相信与您的合作会有一番作为。"

周到的接待礼仪能拉近我们和客户之间的心理距离，让客户将我们尊重他人、细致、热情的高素质形象刻在心里，自然更容易促成合作，帮助企业实现战略目的。

日常商务接待中，我们要学会用小细节换来客户的大满意。迎接客人时，提前敲定时间，获取客户的航班信息及贵宾照片，方便对应接人，并提前到达，避免客户等候；巧用握手礼、微笑礼，为商务合作营造轻松和谐的氛围，奠定彼此尊重的基础；以客为先，吃饭喝茶都先询问客户意见，关心客户的需求；送客时也要注意不失热忱，让客户先起身，自己再起身相送；送客时用目光注视对方，让对方感受到被尊重。将商务接待的各个礼仪细节都做到位，我们才能收获客户的信赖，推动企业的长久发展。

巧用谈判礼仪，说服有理有力

在商务交际中，很多人都将谈判视为一种战斗，认为商务谈判场合就是你死我活的斗兽场，一定要争输赢、分高低，才能保证自己的利益。其实事实并非如此，商务谈判更像双方的一种合作，大家坐下来谈判的目的不是打倒对方，而是谋得共同利益。所以，带着尊重对手、推己及人的双赢思想，用真诚坦率的态度，以理服人，以礼敬人，才能让你在商务谈判中说话掷地有声，获得他人的信任，赢得长远的胜利。

中国人自古重视礼仪，千金可抛，礼不可废。在家跟父母妻儿相处尚有礼仪规则，对外谈判的礼仪和规矩更应周全。

在我国古代，谈判礼仪包括问名、作揖、主宾按身份各自依礼入座等，这些礼仪细节虽然并不适用于今天的商务谈判，但从古代这些基本的谈判礼仪中，我们仍能感受到古人尊重对手、谦逊有礼的谈判精神，这种精神亦可用于今天的商务谈判中。

相信你一定知道诸葛亮在东吴舌战群儒的故事，但其中的细节你未必完全知道。《三国演义》中这样描述："肃乃引孔明至幕下。早见张昭、顾雍等一班文武二十余人，峨冠博带，整衣端坐。孔明逐一相见，各问姓名。施礼已毕，坐于客位。"

从这段文字可以看出，诸葛亮在谈判之前先跟张昭、顾雍等二十多人逐一打招呼，礼貌地询问这些人的姓名，然后作揖施礼，一套谈判礼仪的"前奏"准备完毕，才在给他准备好的位置坐下。这一套礼仪非常周到，诸葛亮不但表现出自己的耐心和谦逊，还充分尊重在场的每一个人，提前铺垫出一派其乐融融、和谐友善的谈判气氛。在这样一派祥和的气氛下，后续的谈判自然有个好的开端。

随后，这场以联吴抗曹为目标的谈判正式开始，张昭一语道破诸葛亮此行的意图，而诸葛亮也大方承认，坦率地说："今我主屯兵江夏，别有良图，非等闲可知也。"虽然诸葛亮跳过寒暄，直接承认意图，让谈判的气氛霎时严肃起来，但从礼仪方面而言，这样单刀直入的专业态度，恰好是尊重对手、以诚相待的表现。

在这场舌战群儒的谈判中，诸葛亮始终以“不惧曹贼、社稷安危”为辩论方向，鞭辟入里地分析每个人最关心的问题，以守为攻、逐个击破，将“兴邦立世”“匡扶宇宙”作为谈话主题，晓之以理地进行辩论，最后终于赢得了这场谈判的胜利。谈判之所以取得了成功，都是他提前做足功课、以理服人的结果。

诸葛亮从进入谈判桌开始，便做到细节周全，谈判语言进退有度、直指要害，而且绝不轻视对手，他真正将谈判中的礼仪精神贯彻始终。

今天的商务谈判中，我们想借助谈判礼仪让自己的言辞更有说服力，就要明白，谈判场合真正礼敬对手，不仅在于握手、打招呼这些基础礼仪，更在于提前做足功课、敏锐洞察、全力以赴，从内心尊敬对手，不小觑对方实力，这样才能在谈判桌上立于不败之地。

所以，商务谈判中以礼待人，我们首先要做好谈判对手的背景调查，知己知彼，重视对手，正视对手的实力，同时也坦陈自己的谈判目的，以诚待人，尊重对手；其次，要本着合作共赢的目的，推己及人地思考，如何能减少损害对方利益，站在对方的角度，以求得共赢为谈判方向；最后，要平等协商，在互相尊重、求同存异的基础上进行协商，就事论事，摆事实讲道理。这样巧妙使用谈判礼仪，让对方在谈判中看到诚意、敬意和利益，自然能让我们在商务谈判中旗开得胜、以“礼”服人。

礼尚往来，筛选你的商务人脉

常言道："来而不往，非礼也。"人与人之间的关系，很多时候就是在这样礼尚往来的互相拜访、彼此关照中逐渐建立的。中国传统社交重视礼尚往来，古代贵族和士大夫阶层将礼尚往来视为谦逊而高贵的道德品质和日常礼仪规范。士人在社会生活当中以"拜客投刺""贽见礼"等作为上流阶层的社交礼仪标准。这些传统礼仪中的做法能帮我们更好地理解，为什么在现代商务活动中要重视"礼尚往来"。

礼尚往来，讲究有礼才有人理，这里的"礼"可当礼节讲，亦可当礼物讲。古代的贽见礼，就是初次拜访别人时要馈赠礼物，不能两手空空；初次见面就空手来，会被视为失礼。一般人们互相拜见时，会依照当时的礼制行事，平民互送野鸭，大夫互送大雁，卿相互送羊羔，不同阶层有不同的送礼规格。而主人收礼时也会对宾客推辞三次，以示礼貌。主人"三辞"拒收，客人"三请"恳求，这样你来我往反复推请，最后主人再收，方显不失礼。而且，不但上门拜访者需要带贽见礼，收到礼物的一方也需要回礼，改日需带同等规格的礼物回敬对方；如果有人接收别人的礼物却不还礼，会被认为贪财自私，有失礼、失德之嫌。

春秋时期，孔子与阳货政见相左，孔子因此不喜欢与阳货交往，也不想去他的手下为官。但是阳货这个人喜欢强人所难，非要去拜访孔子，还按礼数送了一头猪给孔子作拜访礼。尊崇礼制的孔子十分无奈，即使不待见阳货，可对方按照礼仪规矩送礼物拜访，如果有来无往，岂不是失礼于人？秉着“来而不往，非礼也”的礼制，孔子机智地选择了阳货不在家的时候去回礼拜访，这样既遵循了“礼尚往来”的礼制，又避免了与对方见面。

由此可见，礼尚往来的礼仪观念在中国礼仪文化中占有重要地位，甚至排在我们对他人的喜恶之上。直到今天，礼尚往来也是日常交际、商务往来中重要的礼仪法则，被视为商场社交中谋求利益、拉近关系的一种武器。然而，礼尚往来有玄机，在商务活动中要想把礼物送到他人的心坎里，让别人看见你的心意，并由衷地想联络你，也需要一些小技巧。

某科技公司的王总近来资金周转困难，急需借一笔“搭桥”的资金，解决公司的燃眉之急。万般无奈之下，王总联系到做投资的陆总，希望对方能出手相助，承诺三个月内可以把资金还上，并支付10%的利息。陆总平日里就觉得王总这人仗义识礼，是个可交的人，于是痛快地借给王总资金，并表示不用那么高的利息，按照银行正常借贷利息就可以。

因为从陆总那儿借来一笔及时的资金，王总顺利渡过了难关，在依照约定还款给陆总后，为报答陆总的帮助，王总在登门送礼致谢的同时，又借口项目合作，为陆总搭桥牵线介绍了两个稳赚不赔的优质项目，给自己的“回礼”找了个绝妙的说法，以酬谢陆总之前的雪中送炭之情。

商务交往中，最基础的礼仪是礼尚往来，最高级的礼仪同样是礼尚往来。通过礼尚往来的过程，我们能很好地分辨哪些是做事讲究、值得结交的优质人脉，哪些是见风使舵、累赘无用的劣质人脉，用这一过程不断优化自己的商务人脉网。所以，在商务场合中，逢年过节这类特殊日子，通过电话、邮件、登门拜访等方式问候客户，送上礼物，是基础的礼尚往来。坚持做好这件事，能让对方觉得你将他放在心上，是惦记并尊重他的。而像故事中陆总和王总之间的"雪中送炭"之情及登门致谢的礼节，则更能够拉近彼此关系，构建更多信任，让双方在互相礼待中建立更深厚的情谊。

这里我们不妨向王总学习一下登门送礼的技巧，给人回礼"师出有名"，给我们的礼物讨个说法，避免让对方有"无功不受禄"的顾虑，让对方更乐于收礼，乐于再次伸出援手。送礼时还应投其所好，送对方需要并用得着的东西，让对方感受到我们的用心和对他的重视。这样，通过得体、有礼的礼物互换，双方都能在彼此心中留下美好的印象。

总而言之，商务活动中的礼尚往来是人们社交中重要的情感表达方式，隔三岔五送点儿小礼，让别人知道你有礼有节、不忘情义，将你的尊敬通过礼尚往来的过程传达给他人，你在商务活动中自然能够如鱼得水，人脉也将越来越广。

守时守信，成就你的商务口碑

孔子说："民无信不立""与朋友交，言而有信"。意思是说，人如果没有信用，就没有立足之地；与朋友交往，也要言而有信，言出必行。在中国的文化传统中，守时守信是中国人始终坚守的美德，也是中国礼仪文化的一部分，所谓“言必信，行必果”，重诺守信的人才能让人放心与之结交。

守时守信作为社交中最基本的礼仪，不但是对他人的尊重，也是一个人自律的表现，是我们安身立命的根本。如果一个人经常守时也守信，不会让别人吃亏，也不会让别人长时间等待自己，那么他的人缘肯定很好。他在步入社会之后，一般都能得到贵人相助。

古时候有个人要拜访朋友，原本约定了时间，这人为了避免迟到，还提前出发了。无奈在路上他却遇到了洪水。去朋友家的必经之路上有一条河，河上的桥被洪水冲垮了，阻断了他去朋友家的路；若绕路而行，他就会迟到，无法按说好的时间赴约。焦急的他四处寻找可以渡河的船只，眼看就要错过约定的时间。为了信守承诺，准时到达，这人找到河岸附近的一户农民，给了农民很多金子，求对方砍伐木材，帮忙做一条小船渡河。虽然这一做法花了他许多金子，但却让他准时到达了约定的地点，没有失信于朋友。

中国传统礼仪一直强调“人而无信，不知其可也”，商务场合中也讲究一诺千金、一言九鼎，才能收获信任，打开局面。上面这个故事中，此人失去的是一些金子，收获的却是朋友的信任和长久的尊重，这就是传统礼仪坚持守时守信的意义。时至今日，在商务会议中能否守时守信、准时出席，仍然是评判一个人社交礼仪优劣、人品素质高低的准则。

某次，畅销书作家梁凤仪受北大邀请去做学术报告。原本约定的是下午三点，梁凤仪完成了上午的工作，见距离下午的报告会还有一段时间，所以给自己准备了午餐之后才出门。没想到，去北大的路上堵车，梁凤仪整整迟到了一个小时。

学术报告会开始后，主持人帮梁凤仪解释，是因为塞车才迟到，希望同学们谅解。但梁凤仪走上讲台后，还是再一次向同学们道歉："各位同学，今天我要诚恳地向大家道歉！虽然北京塞车是常事，可这不是我迟到的借口。还是由于我没有做好充足的准备，忘记把塞车时间计算在内，才导致迟到。今天在座的如果有一千名同学，我迟到这一小时，就是影响了一千个人的心情，浪费了大家一千个小时。十分抱歉，希望能得到大家的原谅。"

梁凤仪为自己迟到的事诚恳道歉，她礼貌解释的话语赢得了在场学生的掌声，而面对梁凤仪老师礼貌谦虚的态度，大家对她也更加尊敬了。

商务场合中，要想受到他人的尊敬和欢迎，首先就要准时出席会议或活动，谨遵守时守信的礼仪。尤其去参加商务活动或会议时，与会人员不在少数，我们迟到的每一分钟，影响的都是众人的心情和时间，失去的也是众人的信任和尊重。

所以，现代商务会议、人际交往中，我们也要遵守中国传统礼仪守时守信的规矩。商务会议与人相约时间，要提前将约定事项的内容和时间安排记录妥当，提前熟悉情况，安排好交通事宜，做好出行安排。如果遇到没有把握完成的事，则不可轻易答应别人。遇到无法准时参与商务会谈或因故无法抵达的情况，一定要通过电话、微信等方式提前告知对方，说明情况，表达歉意，并根据具体情况商议是否改期。

商务场合中守时守信的礼仪，并不仅仅是为了维护个人信用、树立口碑，塑造自身良好的形象，同时也是为了向社交对象表达尊重，让对方感受到你对他的重视，让他知道你是个靠谱且有担当的人。届时投桃报李，对方也会因为你的守时守信，回馈给你同样的礼遇和温暖。

成交并非结束，做好售后稳住客源

传统礼仪中虽无“售后服务”这种现代文明礼仪，但秉承“来而不往，非礼也”的中国式礼仪观念，古人送走客人之后，也会在适当的时候再去客人家中拜访，这种礼仪被称为“回拜”。

一个企业的成功，一个人的成功，背后都需要依靠一群消费者的支持，一群合作伙伴的帮助。身处商业环境之中，想以“礼”树口碑，以“礼”结善缘，也要记住适时回访合作伙伴，不忘维系彼此的关系。要让更多的客户知道，你们的成交、合作并不意味着你们之间关系的结束，而是你们之间关系的开始。事成礼不废，人走茶不凉，才能稳住你的人脉关系。

王玥是一家大型公司的采购经理，她每次为公司采购纺织类产品时，都会选择明华这家企业的产品，原因无他，只因为明华这家公司的售后服务令她非常满意。

第一次在明华纺织厂采购，只是个偶然的选择，后来很长一段时间，因为公司没有采购需求，王玥都没想起过这家公司。但让人意外的是，仅仅因为王玥帮公司采购年终福利选择了这家公司的家纺产品，后来只要明华有新产品推出，就会通过邮件、短信等方式推给她。并且，因为当时王玥采购量比较大，算是一笔不小的订单，后来每隔三个月，这家公司还会派人致电回访王玥，询问产品的使用情况。还有一次，这家纺织公司的产品经理邮寄了一套新产品给王玥所在的公司，供其试用。

因为明华纺织厂周到的售后服务和多次有礼的回访，王玥在后来公司纺织品采购中都选择了这家公司，还将这家公司推荐给一些兄弟单位，又帮明华纺织厂带来了许多订单。

像明华纺织厂这样的企业，不但在合作的过程中保持周到的礼节，在合作结束后也不忘定时回访客户，询问客户的使用感受，努力满足客户的需求；推出新品后，最先想到的也是老客户。如此礼数周全，自然为再次合作埋下了伏笔，也让客户感受到商务交往中有礼更有情，进而对企业产生更多的信任感和安全感，会反复选择与之合作。

商务交往中，做好售后服务带来的好处立竿见影，而相对于售前服务，售后服务的礼貌周到更能帮助企业赢得长远的口碑。所以做好售后回访，将让一个企业、一个人在商务交际中获得更多的生命力。

优秀的售后回访一般需要做好建立档案、解决问题、保持联系这三点。

建立档案能让我们更详细地了解客户的基本情况和需求，方便量身定制服务内容，保证售后服务更周到；也可以记录客户意见，便于不断提高售后质量和服务质量。在这份周到的服务中，客户更容易获得被尊重、被重视的良好体验。

解决问题，无论是产品问题还是服务问题，都要包括在内。售后解决问题的能力体现了企业能否推己及人、急人所急，能否理解客户，与客户共情。会耐心帮客户解决问题的企业才能收获客户长远的信赖。

保持联系是稳定客源的重要礼节步骤。节日慰问、新品试用，或者客户遇到重大问题时登门拜访、道歉、慰问、解决问题，这都是售后礼仪的一部分，能快速拉近企业与客户之间的关系。

成交并非结束，做好售后服务，懂得售后礼仪，才是稳住客源、拓展市场的关键。企业商务礼仪的格局就是其发展版图的格局，小礼仪显示大格局，你在售后服务方面下的功夫客户看得见。

第七章

中国式职场礼仪：运用礼仪王牌，职场左右逢源

礼仪是人际交往中的调和剂，促成人与人之间的和谐关系。职场中，一个人能否有礼，不仅影响着他在别人心中的印象分，也关系到其自身的职业发展是否顺利，可谓是“无礼处处障碍，有礼万事可行”。所以，若想在职场中左右逢源，就要学会运用礼仪王牌，包装职场形象，让礼仪成为你纵横职场的“金钥匙”。

能力是敲门砖，礼仪是通行证

现代社交追求时效性，我们都希望通过与他人的交往获得资源、拓展人脉，或者至少在社交中获得一份舒心与安慰。所以，没人会喜欢与张扬跋扈或畏畏缩缩的人交往，无论是情感互动还是立身处世，人们都希望结交落落大方、有德有礼的人。同样地，就算是职场“天才”，如果不懂礼数，也是寸步难行；能力再强的人，如果不懂尊重人，不能有礼貌地与人交流，也

会让人敬而远之。中国式人情往来讲究“礼”字当先，古代先贤深谙这个道理，所以为人处世都离不开“礼”字，为后世作出了典范。

辅佐刘邦打下天下的张良，是西汉著名的军事家、政治家。传闻这位能力超群的奇才有一本“天书”，他有很多机智奇谋都来自这本天书，但张良获得此书不是靠天赋，不是靠运气，而是与他谦和有礼的人品密不可分。

相传，一天张良在沂水圯桥头散步，遇到一位粗衣短袍的老者。这位老者看见张良经过自己身边，故意脱掉鞋子并扔到桥下，然后傲慢地叫住张良，让张良帮他把鞋捡回来。

张良不理解老者的行为，但看到对方年老体衰，他还是捡回了鞋子，并扶着老者，恭恭敬敬地为他穿好鞋子。老者并没有感谢张良，反而大笑着离去。走了几步后，老者忽然回过头，夸赞张良说：“孺子可教也。五天之后，天亮时分，你到桥头来见我吧！”张良恭敬地答应了。

五天后天亮时分，张良如约而至，没想到老者居然比张良到得还早，已经等在桥上了。他见到张良立刻斥责道：“与长者相约，为何耽误时辰？五天后再来！”说罢就愤然离去了。张良知道自己迟到有违礼数，深感理亏，所以也不气恼，只好等赴老者五日后的约定。

又过了五天，鸡刚叫，张良就赶到桥头，可老者已经站在桥上了。老者见到张良又来迟了，再次呵斥说：“去吧，五天后再与我相会。”

第三次，张良不想让老者等待，索性半夜就来到桥上等候。等老者如约来到时，张良已经恭敬地站在桥上等着自己了。老者被他隐忍、真诚且有礼的品质所感动，于是送了一本书给他，说："我听闻你是个有才能的人，所以这些天想试一试你。这本书能助你成王者师，据我推算，不出十年就会天下大乱了，你善用这本书，定能立国兴邦。十三年后，济北谷城山下的黄石就是我。"

说完这段话，老者就扬长而去，而张良借着天光打开书看，居然是一本《太公兵法》。得此兵法，张良日夜苦读，最终成为一位文韬武略的贤才，终成刘邦身边的智囊，建立了一番功绩。

有关张良的传说，其中不乏中国式礼仪和处世智慧。如果张良没有礼节，不尊敬老者，不给老者捡鞋、穿鞋，或者他不守时守信、毕恭毕敬地等待老人，那他就没有机会获得兵法奇书，成就一番功绩。待人有礼看起来是小事，却能决定一个人在他人心中的形象。社会是由人和事组成的，做事有礼才能得人青眼，事有所成。

中国传统礼仪中有尊老爱幼、尊敬师长、与人为善、敬人谦己等原则，而这些原则放在今天的职场社交中也仍然适用。职场之中，我们能遇到各种人、事和突发状况，只有平时待人有礼，善得人心，关键时刻才会有人对你伸出援手，助你一臂之力。

职场社交中，总有人恃才傲物，觉得自己专业能力超群，根本不把同事和领导放在眼里。其实他们忽略了，礼仪能在人与人之间架起沟通的桥梁，能用礼仪“收买人心”，也是一种很重要的能力。

没有人能永远孤军作战、不用人帮。平时与同事交流时，多说“谢谢”“抱歉”“打扰”这些礼貌用语；向人求助说“请问”，得人夸奖能回赞；在别人失落逢难时，能耐心询问、贴心劝导。时刻将心比心、以礼待人，处处有贵人相助，职场这条路也将越走越宽。

简而言之，能力只是敲门砖，礼仪才是通行证。一个品行正、有礼节、有修养的人，行事会越来越顺。人人都会因你的礼貌，愿意祝你一臂之力。

学会面试礼仪，轻松拿 offer

面试是所有初入社会的人必须面对的挑战，有的人才气纵横，却在面试中折戟遇挫，有的人资质平平，却能受到面试官的青睐，其中的差别并不是专业能力，而是言行举止所透露出的人品素质。大多数工作都需要集体协作、团队作战，所以企业招人看专业能力，更看一个人是否谦和有礼，根据其待人接物的素质，判断其能否在工作中快速融入集体，能否团结同事或带领团队。所以，在面试中注意仪容着装，向面试官展现出自己的交际礼节，才能帮你轻松拿到offer。

其实，不仅现代人要面试，古人也有面试的烦恼。曾国藩就曾经历过一次独特的面试，这场面试可谓是曾国藩职业生涯的重要转折，正是他周全有礼的行为举止让他顺利地渡过了面试难关；而曾国藩的礼仪之道同样值得我们在现代面试中借鉴。

一日，曾国藩正在家中读书，忽然接到圣旨，让他进宫觐见咸丰皇帝，于是曾国藩马上穿戴整齐，在太监的引领下来到御花园。那时正好是夏天，曾国藩来到后，毕恭毕敬地站立在花园里等待。烈日灼热，他汗湿衣衫，可是等待半天，也不见皇帝前来。直到傍晚，曾国藩也没有等到皇帝，只有个太监前来传话，把他打发回家了。

到家后，曾国藩心中忐忑，便跟师父说了今天的经历。师父沉吟半晌，问："你看到花园亭子上的对联了吗？"曾国藩回答道："当时一心只想着见皇帝，未曾仔细察看。"师父听完说："你赶紧给太监点儿银子，求他帮你抄下来，回来好好解读。"

曾国藩听师父的话照办，果然第二天在朝堂上，咸丰帝询问曾国藩亭中对联的寓意，而准备充分的曾国藩侃侃而谈，对答如流，皇帝十分赞许其见识，当场任命曾国藩为外省巡抚，赏双眼花翎。

其实皇帝对曾国藩的面试，从他到亭子里就开始了。中国传统礼仪讲究冠正衣洁、仪表整齐，认为讲究着装是对他人的基本尊重，而衣着得体也是一个人注重内心修养的象征。曾国藩匆忙间接到传召，一能迅速守时前来，二能注意衣冠整齐、穿戴得体，显示出曾国藩游刃有余的行事能力，给人一种礼貌、可靠的印象。而毕恭毕敬地站立等待，即使无人前来、太阳灼人也不曾懈怠，也没有坐着等，而是一直恭敬站立，这是他由内而外的礼仪修养。虽然曾国藩没有记住对联的内容，但他回去后马上想办法弥补，认真准备，并在朝堂上侃侃而谈，说得龙心大悦，也是在用充足的准备表达对他人的重视和尊敬。

因此，德才兼备、礼节到位的曾国藩受到皇帝的青睐也是情理中的事，皇帝觉得他是个既有才能，又有内在修养，谨慎可靠且值得信赖的可用之才，才让他通过了这次特殊的面试，并委以重任。

我们在职场面试中，不妨也借鉴曾国藩的职场礼仪，不仅要展示出个人的能力，还应表现出个人礼仪，积极取得面试官的青睐，这样才能轻松收获好职位。

面试礼仪首先要“知己知彼”，守时赴约。去面试时，按时到达，准备一份详细而精美的简历，实事求是地展示自己的工作经历、过往作品，这会让对方觉得你是个周到且细心的应聘者。另外，你还需要熟悉企业背景和应聘岗位的信息，这样面试官提问时你就能迅速作答，不浪费彼此时间，也能证明自己不是盲目应聘，而是很重视这次面试。重视他人，不浪费他人时间，是面试礼仪的重要一环。

其次，面试要着装得体。衣着得体从古至今都是基本礼仪。穿着符合应聘岗位形象的衣服，避免一身名牌、打扮过火，可以选择低调沉稳的职业装，这会给面试官留下稳重可靠的印象，让他觉得你不是个气质浮夸或者过分追求外在的人。

最后，“感谢对方”也是不可不知的面试礼仪。无论当场面试反馈如何，都可以抱着诚恳的态度，感谢对方为你提供宝贵的面试机会，这会给人积极乐观的印象。面试结束后，记得礼貌性地询问面试官，何时能收到进一步的通知，并表示期待能加入公司，与对方成为同事。这既是一种礼貌，也能表达出自己对这份工作的渴望和热情，更容易打动面试官。像这样将礼仪融入面试的每一步，一言一行都力求大方得体、礼貌专业，一定会收获对方好感，从而使你面试成功的概率大大提高。

汇报礼到位，工作成绩翻一倍

如果穿越进古装权谋的电视剧中，你能活到第几集？

曾经看到网上有网友讨论上面这个问题，有人在下面留言说："估计也就活个预告片吧！古代职场礼仪那么复杂，跟皇帝汇报工作，说错话，拉出去斩了！行错礼，拖出去罚一顿！分分钟就因为行止无礼，全剧终了。"

虽然古代皇帝不是个个都像网友们描述的那样暴躁，但古代的职场礼仪却十分严苛。比如，古代职场礼仪中，下级见上级要行拱手礼。行礼时，双手合抱，左手在上，身体肃立，俯身约 60 度推手，并将双手缓缓高举上头顶，大约略高于眉心，行礼起身后，再恢复立姿。

> 《周礼·秋官·司仪》中记载："诏王仪，南乡见诸侯，土揖庶姓，时揖异姓，天揖同姓。"指的就是平民百姓和不同官职的人见到君王，要行不同的礼。"土揖"是稍向下拱

手，“时揖”是平推手，“天揖”是稍微向上举着推手。这样不同的拜见礼仪，是对各人身份和等级的区分，稍有疏漏都算大不敬，可见古代职场礼仪之繁杂严格。

除了见到“老板”行礼有规矩，古人汇报工作、跟老板告别离开，也是有相应礼仪规范的。

《三国志》中记载，曹操在花园里跟董卓汇报工作，汇报完之后离开，董卓站在原地，曹操抱拳行礼，要倒退着往后走，一直走到花园后方才算礼毕，方可转身离开。

要是像我们今天这样，汇报完工作直接转身就走，用后背对着领导，那属于不守礼数，是欠妥当的。如果对皇帝做出这样的行为，更被视为大不敬，在古代属于能降罪的大事。

无论是拱手抱拳，还是退倒着走，都是为了表示对上级的尊重和敬意，是对上级权威的维护。这不是阿谀奉承的礼仪，而是尊卑有序，让人们遵守心存敬意、行有规矩的礼仪。

今天的职场中，虽然这些古代传统礼仪多数都不再适用，但是传统礼仪中尊卑有序、敬重上级、言谈有礼等优秀传统仍然被保留着。如果我们在职场汇报工作中，既能展现出专业实力，又能注意礼仪细节，那自然能事半功倍，获得领导更多的赏识。

于敏是一家公司的企划总监，从基层小职员到总监位置，于敏只用了两年时间，而这样的成绩与她礼貌周到的性格和过硬的专业能力密不可分。尤其是她向上级汇报工作时，礼仪和技术兼顾，初入公司就给领导留下了深刻的印象，这为她后来的升职之路奠定了基础。

于敏初入公司做基层文案策划时，第一次做活动方案汇报，就因其出色的能力和周到的礼仪让大家眼前一亮。为了让大家在会议上能快速了解活动重点，会议前一天，于敏就把活动方案和会议资料都提前打印出来，分发给同事们。给领导策划书时，于敏来到领导办公室门前，轻敲三下门，等领导回应后才进门，并双手递上活动策划书，微笑着提醒领导第二天汇报会议的时间、地点和人员，让领导对工作安排心里有数。

第二天汇报时，于敏全程语言精练，条理清晰，讲述的内容和提前发给大家的策划方案汇报书上的内容差不多，却分析得更为细致，还耐心地为大家解释了其中比较复杂的市场分析部分。汇报结束后，于敏还热心地询问大家对汇报内容的建议，并拿笔记本认真记录了在场每个人的建议。最后，她微笑着把同事们送出会议室，才又折返回去，把会议使用的物品都归位收拾好，最后关门离开。

于敏汇报工作的出色表现被大家看在眼里，她谦虚认真地对待他人的意见，礼貌周到地准备和安排资料，条理清晰地汇报内容，这些都让领导觉得她是个可用之才；领导后来时时关注她，给了她很多表现机会，于敏才得以顺利高升。

我们在职场中，不妨也学学古人对待上级的尊重礼仪，学学于敏在工作汇报中的细致周到和礼貌。在大大小小的工作汇报和与他人的工作对接中，一定要做好充足的汇报准备，如果是工作方案，一定要有备选方案，这样可以给领导选择的空间。

汇报前，要对自己汇报的工作做深入的思考，多做几个假设，多问自己几个问题，应该提供成熟的方案而不是自己一时兴起、没有经过冷静分析的方案。

汇报工作时，要尽量采用精练的语言，有逻辑地把事情讲清楚，这样不仅有利于领导迅速做出决策，而且不会浪费他人时间；说话时要语气柔和，语速平缓，重要的事情可以重复说，突出重点。一般来说，每次发言把时间控制在 15 分钟之内是最好的；还要随身携带笔记本，现场记录领导的指示；另外，记得将你的手机调成静音模式，不要对他人造成干扰。做好这些细节，才能让别人觉得你亲切可靠，有礼可敬。

如今的时代，已经不是埋头苦干的年代，有能力也要会展示自己。汇报礼议到位，帮你工作成绩翻一倍，你的工作会因为这些周到的礼仪表现而更容易被人认可。

领导犯了错，高情商下属这样打圆场

中国传统礼仪学问深厚、讲究颇多，无论是站、立、坐、跪，还是穿衣戴帽，都有一套严格的规矩。其目的就是通过规范行为，让人们举手投足有礼貌，行止有礼不逾矩，日久天长，自然就能把礼仪刻在心里，让礼仪成为一种习惯和教养。但基本礼仪看举止，高级礼仪看言辞，敲门问好、鞠躬道谢这种简单的礼仪每个人都能学会；而在不同的场合下，如何做到说话有礼貌，如何用语言传递善意、尊敬和亲切，却不是人人都会的。尤其在职场上，说话有礼得人心，你的晋升机会才能越来越多。

在职场中，每个人都有犯错误的时候，领导也不例外。而能在领导犯错时帮其找台阶下，说好话替他“打圆场”，是一个人高情商、懂礼仪的表现。中国传统礼仪讲究给别人以尊敬，而没有什么样的尊敬比照顾他人面子更令人愉悦了。

《资治通鉴·周纪》中有这样一段关于帮领导“打圆场”的故事。话说齐王想讨伐燕国，但是师出无名，不好意思出兵，就问孟子能不能帮自己想个出兵的理由。心怀仁德的孟子十分不齿齐王无故要攻打他国的行径，于是搪塞齐王说：“您如果觉得攻打燕国能让燕国的百姓高兴，那就去打吧！”

在孟子这儿碰了钉子的齐王，还是去攻打了燕国，结果遭到了其他诸侯国的联合反攻。齐王见形势不妙，慌张地去找孟子求救，孟子说：“本来燕王暴政，百姓民不聊生，你去攻打，也算拯救燕国百姓。但你现在在燕国大肆杀戮，算怎么回事？就算别的国家都畏惧齐国，但你现在这样强攻他国，又不实行仁政，招致他国怨恨也是应当的。”

齐王并没有听孟子的说教，果然遭到燕国百姓的抵抗。齐王悔不当初，觉得孟子说得对，但此时已是骑虎难下，不敢再去找孟子求教了。

正在齐王这位“老板”陷入尴尬局面的时候，一个叫陈贾的人来到齐王跟前，想要帮齐王去劝说孟子。

陈贾见到孟子后问：“您可知周公是谁？”孟子回答：“此乃古代圣人。”陈贾又问：“周公将商交给管叔管理，结果管叔却帮着商反叛了，难道周公事先就知道管叔会反叛吗？”孟子说：“当然不知道。”陈贾笑着说：“圣人如周公，也不能事事尽料，也有犯错误的时候，何况是咱们的齐王呢。”

孟子虽然不认同齐王之前攻打燕国又不实行仁政的行为，也不认为陈贾此次说合是君子所为，但陈贾的说辞却让孟子知道，齐王有悔改之心，只是拉不下面子，于是便又回去给齐王出谋划策。

职场上，我们都希望有个像陈贾这样的人能够帮自己打圆场。有时候我们能意识到自己的错误，只是碍于身份、场合等因素，无法坦然承认自己的错误。而能帮人“打圆场”的人，是设身处地为他人着想的，他们理解他人的尴尬，体谅他人的自尊心，照顾他人的脸面，会在关键时刻给别人台阶下，拥有超高的智慧和难能可贵的修养。

遇到领导犯错，首先不要当众言辞犀利地指出，当面揭短，最是无礼。我们可以在背后委婉地提醒领导的错误，用建议的口气说出自己的观点。另外，当领导被他人为难时，一定要学会“解围”，可以转移矛盾焦点，化解领导尴尬。比如，领导犯错，可以用幽默的语气说："这确实挺难的，我之前也经常搞错。""小场面，大家别慌！"这样幽默地接话，谦虚地用自己的错误转移视线焦点，能让领导感激你，觉得你是个体谅别人、谦和有礼的人。

如果你的领导因为某一件事与人发生了正面冲突，或者客户正在纠缠领导，高情商的做法就是马上找个借口，把领导给支开。比如，你可以对领导说："× 总，咱们得抓紧时间了，别延误了下午的航班。""×× 公司的老总来了，正在会议室等您！""领导，有个重要的电话需要您接听一下。"……随便找个事将领导给支开，这样领导自然就获得了喘息的机会。

礼仪之本在心存敬意、心怀善念，敬重领导，就要在他陷入尴尬时及时打个圆场，你的贴心与尊敬对方都会看在眼里，记在心中。

把握好分寸，到位不越位

谈到中国礼仪，很多人可能会觉得"礼"这个概念有点儿抽象，并没有哪个经史典籍逐一记录为人处世中所有场合的具体礼仪细则，而现代环境又和古代有所区别，很多传统礼仪不能原封不动地搬到今天使用，那究竟如何判断我们的行为算不算有礼呢？

《释名》中说："礼，体也，言得事之体也。"意思是说，礼仪就是要识大体，说话也要说识大体的话，不说失分寸的话，这就算有礼了。这段话或许能帮我们更好地理解什么是"礼"。

礼其实就是进退有度，言行举止得体且有分寸。

分寸感在职场中尤为重要，尤其是和领导之间，太谨慎严肃，容易给人留下刻板、没有亲和力的印象；而把领导当朋友，称兄道弟不见外，又可能逾矩踩雷。所以，把握好分寸，到位不越位，既让领导觉得你很懂他，对他心存亲近、敬重有加，又让领导感受到你在维护他的权威，以他为先，尊重他的意见，这才是职场中与领导的相处之道。

说到职场礼仪的失败案例，就不得不提三国时期的杨修了。杨修这个人什么都挺好，就是爱在领导面前自作聪明，不尊重领导的权威，最终断送了自己的职业生涯，甚至是性命。

一次，曹操得到一盒酥糖，吃了一块觉得很好，就在盒子上写了“一合酥”三个字，随后派人把这盒糖送给手下的谋士们。收到糖的谋士们不解其意，只有杨修走过来，打开盒子，把酥糖分给大家，说：“这上面不是写了‘一人一口酥’吗？”

送酥糖的人将这一情形回禀曹操，曹操表面称赞杨修聪明，内心却觉得杨修擅自揣度自己的意思，有损自己的威严，对他心怀怨恨。而杨修这样自作聪明，越位替曹操做决定，也为曹操后来处死他埋下了伏笔。

杨修的行为就是典型的不懂礼数。擅自揣摩领导意图，又自作聪明地解读出来，这样越俎代庖的行为，让曹操这位领导觉得威严扫地、不受尊重，心中自然会反感。

我们在工作中，不替他人做决定，尊重他人的身份和权限，服从领导的安排，有分寸地给领导提示和帮助，也是重要的职场礼仪之道。

某次，基层职员李贺跟部门刘总监一起参加公司的高层会议，会议结束后，送领导们出门时，董事长表扬刘总监最近的工作做得非常出色。刘总监谦虚地说："都靠部门同事们一起努力，大家对工作都很重视，干劲儿很足。"李贺平时和刘总监关系很好，听到这里，就积极地跟董事长说起刘总监最近带领部门同事加班的辛苦。李贺滔滔不绝，边走边说，后来甚至超过刘总监，走在前面帮董事长开门，为其送行。

送走董事长后，李贺回头就见身后的刘总监面色不善地说："你这口才够好的，以前我还没注意啊！"

本来好心帮着夸刘总监，却反被其记恨，就是因为李贺不懂得职场到位不越位的礼仪。走路走在领导前面，自家领导和董事长说话时他插话，还主动帮刘总监邀功，这些不合礼数的行为自然惹得对方厌烦。

以李贺为鉴，我们要把握好和领导相处的分寸感，正视自身的位置，切勿越俎代庖。具体说来：平时不要和领导称兄道弟，遵循尊卑有别之礼；见到领导主动打招呼，尽量不走在领导前面；尊重领导权威，不在自己的工作范围之外使用权限；正视自己的工作位置，在领导需要的时候，尽量为其排忧解难。做到了这些，领导自然也能从你的礼仪中感受到一份亲近和敬意，在职场中给你更多的机会和优待。

异性同事相处，有“礼”也有“距”

《孟子·离娄上》中说：“男女授受不亲，礼也。”古代礼仪规定男女之间不能直接接触或者交谈，互相授受物品就更是于礼不合。甚至某些时期，古礼还要求男女“食不连器、坐不连席”，可见古代礼仪对“男女大防”的重视。

而现代人际交往中，虽说男女平等，也不再讲究“男女授受不亲”这种过时的封建礼数，但是在与异性相处时也仍要注意距离。尤其对职场中的异性同事，要注意有“礼”也有“距”，礼貌的同时又不过分亲近，才能避免很多不必要的麻烦。

唐天是某公司市场部的职员，去年刚进入公司时，因为工作关系，他经常去采购部对接采购工作。一段时间后，唐天跟采购部的李姐越来越熟，两人通过闲聊发现，彼此不但是老乡，还是一个大学毕业的，李姐算是唐天的学姐。

因为这层关系，两个人越来越熟，李姐也不拿唐天当外人，每次来对接采购事项，也会给唐天优待。唐天在公司里与人相处遇到什么难题，李姐也会经常指点一二，这些都让唐天十分感激。礼尚往来，唐天见到李姐也总是热情地打招呼，也经常会给李姐送点儿小零食之类，以感谢李姐在工作上对他的帮助。时间长了，办公室常有人调侃这二人关系亲近，好得像一家人。

一次，二人聊天时，唐天说想报个游泳班学游泳，李姐也说最近要运动减肥，于是二人决定一起去报名。唐天打听好合适的游泳班之后，找李姐一起商量，可每次李姐都有各种说辞，推托下次再报，导致唐天迟迟没有学上游泳。后来，着急的唐天决定不再等李姐，自己去报了名。可这事让李姐知道后，却对他一顿埋怨，气唐天不等自己。因为憋着这口气，二人的关系别扭起来。唐天以往在李姐那里的“优待”全没了，过去来采购部很便利，如今却办什么都要规规矩矩，唐天的对接工作进展得很慢。甚至有时候，李姐还会故意为难唐天，而看戏的同事们也挖苦唐天，问他认的这个姐姐怎么最近不搭理他了。这让他十分难受，不知道如何是好。

唐天在职场中过于依赖别人，又把握不好与人相处的分寸，本来以为跟同事拉近关系能够获得便利，却忽视了同事间相处一定要保持距离。尤其是和异性同事相处，保持好分寸感更是一种职场礼数。

传统礼仪虽然教我们与人为善，但一旦与人过分亲近，人与人之间的关系就很容易因为情感和情绪影响而变质。尤其是异性同事之间，过分亲近很容易引来风言风语，造成不必要的误会。这样，不仅会让彼此日后的相处更加尴尬，也会给彼此的生活和工作带来麻烦。而且，异性同事之间过分亲近，更容易因为情感和思维方式不同发生冲突，不利于建立和谐的职场关系。

所以，我们在职场中与异性同事相处也要掌握一定的礼仪。日常言谈交往时要注意分寸，相互尊重是处理任何一种人际关系的基础。礼敬对方，不说会引起误会的话，不要依赖异性同事的帮忙，注意保持交往距离；举止动作上，既要注意尊卑有别、女士优先等礼仪，又要避免过分殷勤而引人猜忌。

遵循谨守职场礼仪，不越异性相处的界线，不忘礼貌，分寸得当，才能避免对彼此产生不利影响，让同事情谊在礼仪的加持下保持和谐。

第八章

中国式通信礼仪：
E时代交流，礼多人不怪

言为心声，我们在人际交往中主要通过语言沟通来了解彼此，而随着通信科技的发展进步，沟通已不再局限于面对面交流，打电话、发邮件、微信、QQ、视频会议等都是现代社会常用的交流方式。

新时代环境下，网络交流虽是新生事物，没有相应的礼仪规范，但中国传统礼仪文化的内涵仍然不变，拜访、书信、仪容仪表这些礼仪的根本在网络空间的交流中仍然适用。

E时代交流，礼多人不怪，懂点儿通信礼仪，助你打开社交之门。

一线万金，有礼才会有人理

千里情谊一线牵，懂得电话礼仪的人，有时甚至能获得“一线万金”的效果。相反，如果你不注意电话礼仪，可能一通电话打过去，不仅求人办事、联络感情不成功，还容易得罪别人，在别人心中留下不识礼数的坏印象，影响彼此之间的关系。由于时代的局限性，中国传统礼仪虽没有对电话礼仪做专门的约束，但传统礼仪中敬人谦己、恭敬有礼的内涵亦可用于现代电话礼仪。传承中华文明礼貌，学点儿电话礼仪，你在社交中才能不吃闭门羹。

曾有玩笑说：“现代社交中最大的礼貌，就是不随便给人打电话。有多重要的事非得打电话才能说呢？是快递到了，还是外卖到了？”从这样调侃的说辞中也能看出，现代人对个人空间非常重视，并将“突然袭击”式的电话视为没有礼貌的行为。

中国传统礼仪讲究拜访别人前先递“名片”、打招呼，不速之客总会惹人讨厌。而现代社交中，打电话类似于“线上”拜访，商务电话、工作电话等这类严肃的电话，也最好事先和对方约定通话时间，选择适宜的时间打给对方。

我的一位同事小庄就有个坏习惯，她经常在休息时间给同事们打电话询问与工作相关的事，并且时间总是在晚上八九点钟，而询问的也不是很紧急的事，完全可以在第二天上班后再问。

很多曾经接到过小庄“夺命连环CALL”的同事都抱怨说：“小庄实在是太讨厌了，打电话也不看看时间，总是晚上问东问西，影响人休息。要是有时候忙着没空接她电话，她就会连续打，一直到你接为止。这么没礼貌的人，还真是少见。”

后来一些同事为了避免再受到像小庄这种“愣头青”的电话骚扰，专门准备了对外使用的工作电话，一下班就直接关机，免得晚上受到打扰。小庄也因为晚上给人打电话的事得罪了一些同事，很多人都不爱搭理她，怕时不时就被电话“骚扰”。小庄的人缘越来越差，职场之路也越走越窄。

现代人生活节奏快，很多人忙忙碌碌，很难见一次面，电话不但是我们商务对接的重要方式，在日常生活中也承担着联络感情的作用。所以，吸取小庄打电话败人缘的教训，我们要想在生活中一线传情，通过打电话拉近与他人的距离，加深彼此的信任和关系，不妨学学以下这些电话礼仪。

首先，选对时间和场合很重要。在不恰当的时间给人打电话是失礼的行为，尤其在职场、商务合作中，贸然致电更是不妥。我们可以在打电话前先通过短信、微信等方式询问一下对方是否方便接电话；如暂时没有时间，可以与对方微信沟通，敲定一个合适的时间再致电。而且要注意公务电话尽量不占用对方私人时间打，私人电话也不要在公司或公众场合打，要注意打电话的场合是否合适。

其次，礼貌用语不能少。《弟子规》有言：“人问谁，对以名；吾与我，不分明。”意思是说，有人问你是谁，要告诉对方姓名，而不要说“是我”，别人会弄不清你是谁。而且与人对话不报姓名，对别人也是一种不尊重，有违礼数。中国礼仪要求人们见面要及时问好，说“您好”，报姓名，有礼有节不唐突。但有些人打电话时经常很没礼貌，电话接通就说事，或者用“喂！是我啊！”“你猜猜我是谁？”这样让人一头雾水的开头，就是不尊重对方的体现，容易出现沟通不畅，是电话沟通的禁忌。

那么，电话礼貌用语有哪些？我们如何礼节周到地打电话呢？一般给别人打电话，接通后要先确认是否打错电话，可以问对方：“请问，您是某某先生／女士吗？”对不是很熟的人，不要直呼全名，否则会让人觉得有些生硬和不被尊重，加上“先生／女士”或者对方的职务、头衔等，就会显得更有敬意。

此外，我们还需注意，打公务电话时应言简意赅，尽量少占用别人时间；打私人电话应言之有物、情真意切，忌东拉西扯、不说正题，更忌一边开着免提说话，一边做自己的事，这些都是不合礼数的。只有学会以上这些电话礼仪，你才能通过电话把自己的真诚、尊重传递过去，让电话成为你维系人脉、解决问题的有力“武器”。

还在“喂”？你的接电话礼仪该升级

你有没有遇到过给人打电话等待半天，迟迟没人接听的情况？在等待的时间里，你的心情是不是焦躁、不满，“怒气值”逐渐升高呢？我们给别人打电话时都不希望对方很久才接听，这种等待仿佛显示着对方的漫不经心和毫不重视。所以，换位思考，我们在接电话时也要及时，不要让对方等待太久。及时接电话，是电话礼仪中十分重要的一项，而我们还需要更多地了解关于接电话的礼仪常识，不能仅用“喂”走天下，及时升级你的接电话礼仪，才能在电话沟通中不失礼数。

中国式电话礼仪强调，无论是在公司办公还是日常居家，听到电话响起都要及时接听，一般以三声为限，别让电话铃响多于三声，这样能避免引起对方焦虑，让对方觉得受到尊重。如果接电话的时间过长，在接起电话后要给对方合理的解释，说明让对方等待的原因并诚挚道歉，比如说：“对不起，久等了，刚才手里拿东西，不方便接电话。”这样才能化解对方因为等待而产生的怒气，也不至于让对方觉得被怠慢。

此外，在接起电话谈话的过程中，我们也要注意，不要因为自己手头的事情而暂停电话，而应专注地听对方说话并认真回答。在接电话的过程中拖延时间，不但失礼，还可能会产生一些不必要的误会。

某电器公司的新员工小吴负责售后电话的接听工作，经常会有客户打电话询问购买电器的售后维修问题，但有些问题小吴不能直接解答，需要查阅电器型号以及保修范围等相关资料。

一次，小吴没有找到一位客人询问的电器维修信息，需要放下听筒去外面查阅型号资料。于是，小吴就让顾客稍等一会儿，自己出去查找。但查找耗时比较久，等小吴回去拿起电话，客人早已等得不耐烦，挂断电话了。随后小吴就收到了投诉，这位顾客投诉小吴售后服务态度差，接了电话不理人。小吴因此受到公司的批评，失去评优资格又有苦说不出。

日常电话社交中，如果我们遇到类似小吴这样需要暂停通话、暂时离开的情况，为了避免让对方等待太久，一般在 15 秒之内重新接起电话比较合适，这样不会让对方有受冷落、太尴尬的感觉，也不会显得没礼貌。如果估计等待时间比较长，或者不确定需要等待多久，可以跟对方简单说明情况并解释原因，告诉对方："稍等，我先去找一下资料，一会儿我再给您打回去。"这样灵活处理不会耽误双方的时间，是有礼貌又尊重人的电话礼仪。

电话社交中，我们还经常会遇到身边的人电话响了，人却不在，需要代接电话的情况。在代接别人电话时，敬语必不可少。如果电话主人在身边，可以说"请稍等"，并立刻将电话转交给主人。如果主人一时半会儿回不来，则可以说："某某有事出去了，方便的话，您有什么事，我可以代为转告。"这样征询来电者的意见，是基本的电话礼仪。

而如果自己有漏接的来电，则可以在适当的时间和场合回拨，对漏接电话表示抱歉，换取对方的理解和体谅，再询问对方来电原因。这样关注对方心情的回拨电话，自然能将你对对方的恭敬之心传递过去。

接电话是否及时，是否会用敬称，体现了一个人待人接物的态度和礼仪素质。别再一句"喂"走天下，学会用电话礼仪包装自己，掌握必备的接打电话技巧，你就能在通信交流中高效办事，扭转乾坤。

以声传情，一开口就吸引人

电话沟通是“只闻其声不见其人”的交流，与一般面对面的社交相比更具神秘性和特殊性。接起电话，对方声音甜美、语气温柔，往往能让我们浮想联翩，在脑海中勾勒出对方从容有礼的模样；而如果一个人在电话中开口就大吵大嚷、语气蛮横，则会让我们“脑补”出这个人飞扬跋扈、不好相处的样子。所以，一通得体的电话要以声传情，开口就吸引他人的注意，激发别人想要见到你、认识你的冲动，这样才能让电话成为我们的社交好帮手。

中国传统礼仪讲究与人交往不可盛气凌人，跟人说话要语气谦和，不可大呼小叫，与人对视要面容恭敬、面带微笑，而接打电话也需遵循这些礼仪。看到这里，有些人可能会有疑问了，打电话对方又看不到我的表情动作，我温和、谦逊、微笑有用吗？

有句话说：“人高兴的时候就会笑，因为笑代表着高兴。”声音固然摸不着、看不到，但是笑却可以通过声音传递给对方。你的声音如果是愉悦的，在谈话间适当穿插笑声，用轻松的语气和对方通话，那你的快乐情绪也将通过声音传递给对方，让电话那头的人感受到和你同样的情绪。

跟一个接起电话就语气轻松愉快、声音充满笑意的人聊天，对谁来讲都是美妙的体验。因为对方语气愉悦，不正说明他喜欢跟你通话吗？好感是相互的，敬意也是相互的，在这样愉快的沟通氛围下，双方的情谊自然会通过电话升温。

我有一次打电话到合作的公司，要找这家公司的一位分析师询问项目资料准备和回传情况，可电话接通之后发生的事却一言难尽。

我："您好，请问是××公司吗？徐媛分析师在吗？"

对方用不耐烦的语气说："徐媛不在！"

我："那请问她什么时候能回来呢？我有一份比较着急的资料需要她回传。"

对方声音提高，大声说："不知道！她去哪儿又不会跟我说。"

我："那您方便帮我转告她一下吗？"

对方不耐烦地回答："不方便，你还是一会儿有空再打吧。"

接电话的这位朋友不知遇到了什么不顺心的事，一开口声音里就透露出一股焦躁、不耐烦的情绪，回复的话更让我目瞪口呆，不知如何是好。这样从声音到语气都透露着不尊重和厌恶情绪的通话，让我觉得对方十分无礼，甚至对这家公司都产生了负面情绪。

不过，后来在当天晚些时候，我要找的徐媛分析师就给我回了电话，解释了白天的事情。

电话那头，徐媛声音清晰、语气温和，语带笑意地解释，说白天那位同事刚因为工作问题被领导批评，难免语气差了些，希望我不要见怪，多多包涵。

之后徐媛又继续用这种温和愉快的语气跟我沟通了工作内容，打电话全程，她说话的声音适中，不疾不徐，让人觉得跟她通话真是一种享受。

这通电话自然打得其乐融融，让人心情舒畅。而我也因为徐媛的电话而原谅了白天那个无礼之人，更愉快地投入到以后的工作对接中。

像徐媛这样用声音的力量俘获人心，打电话时声音愉快、文雅的人，任谁都会喜欢。

在日常接打电话时，要学会微笑着打电话，把我们的积极情绪渗透到声音里，让对方听到我们声音中的亲切和友善，通过声音构建我们彬彬有礼、谦和从容的样子。这样用美妙声音和语气营造的和谐氛围，更有利于双方沟通，也能让我们和他人通过电话礼仪保持更长久的关系。

别让交情在电话中被“挂断”

俗话说：“善作者不必善成，善始者不必善终。”意思是说，会做事的人不一定就能成功，而会开头的人也未必就会好好收尾。在电话社交方面，有些人的礼仪举止也正应了这句话，虽然接打、通话都能做到礼数周到，但是在挂电话的时候总是忽略电话礼仪，导致前功尽弃、满盘皆输。

陆明是一家互联网公司的企划专员，一天他正忙得团团转的时候，一位客户打电话过来询问之前合作项目的宣传事宜。在听完客户一串漫长的问题后，陆明言简意赅地逐一作答，而当客户正沉默思考着还有什么问题想补充时，没想到电话那端就传来了“啪”的挂电话声，随后是“嘟嘟……”的忙音。原来，陆明因为着急处理自己手上的工作，回答完问题，见客户没反应，就把电话挂了。

不久之后，这位客户来公司拜访企划总监时说起上次致电的经历，玩笑着说道：“你们这可真是不好干，你家员工比我还忙，上次打电话过来，我问题还没问完呢，你这儿的小年轻就把电话挂了。”

总监听闻这件事十分尴尬，给客户一通赔礼道歉，过后又把陆明教育了一顿，告诫他专注工作可以，但是也不能怠慢了客户，维系客户关系也是大家工作的一部分，并告诉陆明回去好好学学电话礼仪，下不为例。

本来已经耐心回答客户问题了，却因为挂电话仓促无礼而让客户投诉、被领导批评，可谓是得不偿失。急着挂电话并不能抢先多少工作进度，却能立刻丢掉客户的信任和好感，属于丢了西瓜捡芝麻的愚蠢行为，也是不懂电话礼仪所带来的恶果。

很多人像陆明一样，不太懂得挂电话时怎样才算得体，不了解说完话后谁先挂电话才算礼貌。其实，中国礼仪对挂电话方面也有一些约定俗成的规矩。

一般我们在结束电话交谈时，可以等年长位尊的人先挂电话，这样符合中国尊长敬老的礼仪，能够传达对长辈和上位者的尊敬。如果年长位尊者不懂这个礼节，没有先挂电话的意思，则可以由晚辈提醒对方，提出“您先挂电话吧”，然后彼此道别说“再见”，在对方挂断电话后，再轻轻挂上电话。挂电话之前，我们可以说一些寒暄的话，以表示谦虚和礼貌，比如：“谢谢您在百忙之中还接听我的电话”“今天真是打扰您了，特别感谢”“让您费心了，咱们有空再聊”等。这些寒暄的话虽然实质意义不大，但却是电话礼仪中的一部分，能够让对方内心受用，觉得被尊重和重视，并产生愉快的感觉。

此外，电话礼仪中最忌像上面例子里陆明那样突然挂断电话。无论我们手里有多么重要的事，都不能“啪”的一下忽然挂电话。这样无礼的做法会让你之前通话中所有的努力都白费，还可能会让对方觉得你表里不一、为人虚伪，不是真正地尊重人，之前只是在做样子。所以挂电话前要先确认对方没有什么要补充说的了，并且注意动作要轻，不要用力将话筒挂上，那会让人觉得你是个暴躁、蛮横的人。

通话终止礼不止，别让交情在电话中被“挂断”。打电话时有始有终，尊重对方，把电话礼仪做周全，才能在打电话的每个瞬间都展示出你的个人修养，让人因为你的礼貌更乐于与你再次电话沟通。

见字如面，邮件往来也有礼可循

中国文化中有“鱼雁传书”一说，古人见鱼在水中游来游去，大雁秋去春来，于是就将“鱼雁”比喻成传递书信的信使。

王昌龄诗中曾写："手携双鲤鱼，目送千里雁。"就是以"鲤鱼"和"大雁"作为代称，讲书信传情。

古代交通闭塞，信息传递困难，大家见一面很不容易，于是写信就成为交流情感、传递信息的重要方式。"见字如面"一词，就成了书信问候很常见的开场白，"见到我的字迹，就像我们见面了一样"，写信人的亲切与尊重借着这四个字透过纸背，在展信的瞬间传递给对方。

现代社会交通和通信都十分发达，书写信件这种交流方式已经逐渐退出我们的生活，但信件并未消亡，电子邮件取代传统手写信，正广泛应用于我们的职场工作、商务交流、日常生活中。见字如面，一封电子邮件仍然向收件人展示着一个人的脾气秉性、礼节素养，能够让人通过一封小小的邮件，看出你是一个什么样的人。所以，无论社会如何发展，传统书信礼仪中自谦敬人的原则和基本的信件用语都不可荒废。现代邮件往来，我们也可以从中国传统写信礼仪中找到借鉴之处，让自己的邮件礼仪更周到得体。

传统礼仪文化中，在给人写信时，需要在收信人姓名和称谓之后加上"俯启""赐启"这类敬语，表达对对方的尊重，且对平辈和长辈说法不同。给长辈的信件可以用"俯收""道启""赐启"等敬语，意思是感谢对方屈尊俯身来收自己的信，表达对对方的尊敬和恭维；而给平辈的信件则要用"台启""大启"以做区分，是尊人自谦的语气。我们比较常见的"敬启"，意思是让人恭敬地打开信件，不能用于给长辈的信件中，用错对象就有傲慢自大的嫌疑，切不可乱用。

传统礼仪对书信落款署名也有相应的礼仪规范。书信落款语、署名，又称为“启禀语”，也讲究尊卑长幼用词不同。晚辈给长辈的书信，落款可以用“跪禀”“敬叩”等启禀词，比如曾国藩给父母的家书的结尾这样写：“谨此跪禀万福金安”；而写给平辈的书信，启禀词则可以用“手书”“谨启”等，曾国藩在给弟弟们的信件中，就曾用了“兄国藩手书”；而给晚辈信件的署名，一般可以用“字”“手示”等，曾国藩在给儿子信件的落款处用的就是“涤生字”。

除了收件人称谓敬语、落款署名，传统书信礼仪还要写“春寒料峭，各自珍重”“别来良久，甚以为怀”等思慕语，以及结尾祝福对方平安吉祥的一些祝愿语，其作用类似于我们今天写邮件时开头、结尾的礼貌寒暄。今天我们在写电子邮件时，如能参考传统书信礼仪，言辞间敬人谦己，礼貌周到，则能极大提升电子邮件的沟通体验，让冷冰冰的电子邮件也有了社交礼仪的温度。

小于在一家外贸公司做总经理秘书，平时经常需要收发电子邮件，帮经理与客户沟通一些工作。在电子邮件礼仪方面，小于自有一套技巧，让客户那边十分满意，甚至偶尔见面开会，客户还会当面跟经理夸奖小于有礼有节，工作对接利落，是个好苗子。

小于在给人的邮件中，一般会根据对方的身份、职位、双方关系亲疏等情况，在称呼前加上“尊敬的某某”“亲爱的某某”等礼貌用词，拉近彼此的距离、表达对对方的尊重。在写邮件正文时，小于则采取主题明确、内容简洁明了、语言谦和通畅的写作方式，言简意赅地说明要沟通的内容。因为小于觉得提高沟通效率，不浪费他人时间，是最好的尊重和最重要的礼节。另外，在邮件结尾，小于一般会简要地总结邮件重点，帮对方加深印象，并加上“谢谢您在百忙之中阅读以上内容，多有打扰，请见谅。这边也期待收到您的回复”这类客气寒暄的话，这样能将谦虚和尊敬再次传递给对方，也能促进对方及时回复。

看到这样一封礼貌周到的邮件，对方有什么理由不觉得心情舒畅呢？小于温文有礼、谦和周到的高素质形象，也就通过邮件传递给了对方，拉近了彼此关系，也为人脉拓展奠定了良好的基础。

日常我们在线上邮件社交中，也可以学习一下小于的电子邮件礼仪：用敬语、说谦辞，言简意赅有重点，寒暄客气有交代。这样才能通过邮件礼仪为自己的社交形象加分。

线上一言一词看似是习惯问题，其实是礼仪文化的传递，一封邮件展示的是你的人品素质，也是你的专业能力。继承传统书信敬与雅的“基因”，写好电子邮件，让同事和客户对你刮目相看吧！

5G冲浪，微信、QQ聊天也有礼

《论语》这部收录孔子及其弟子言行的文集，告诉我们很多为人处世、君子礼仪方面的道理。而这样一部经典著作的压轴结束语讲的却是“不知礼，无以立也；不知言，无以知人也”，意思是不理解别人的话语，就不能了解别人，也不能与别人好好交流沟通，可见沟通之礼在古人心中的重要地位。

在人际交往中，我们待人接物都离不开说话，而现代社交中“说话”作为一种交流方式，形式又更加丰富，语言交流，邮件互动，微信、QQ互动，都可算作“说话”的方式。现代社交习惯下，人们逐渐适应使用微信、QQ这些网络交流方式，人人“5G冲浪”。你若不懂网络沟通的规矩，就很难与这个时代共同前进。所以，掌握微信、QQ的沟通礼仪，才能让我们紧跟时代发展，在网络社交中更受欢迎。

曾有一条“聊天回复‘嗯’，却被老板批评”的热搜新闻，引起广大网友对微信、QQ聊天基本礼仪的热烈讨论。

新闻讲述一位领导在微信上问下属明天的行程安排，下属回答完具体安排后，领导又问：“你都安排好了吧？”下属对领导问题的回复，却只有一个简单的“嗯”字，这可惹怒了领导，让对方觉得十分不悦。

于是，这位领导立刻教育这位下属说：“你跟领导说话是什么态度？你回答‘好的’或者‘嗯嗯’都可以，但你这一个‘嗯’字，到底是不耐烦，不想搭理我呢？还是你说话金贵，只会居高临下地跟别人交流呢？跟领导或者客户微信沟通，都不要回答‘嗯’，这是微信的基本礼仪。一个‘嗯’

显得既冷漠又不尊重人，很多客户就是因为一个‘嗯’，这样一个小细节，就流失了。”

在新闻下面的网友留言中，很多人也对与领导或客户微信沟通时回复“嗯”到底合不合适而争执不休。其中有这样一条网友留言，让人觉得十分中肯：“嗯”“哦”“啊”，这三个字在微信和QQ上是最敷衍的回复了，隔着屏幕都感觉对方不想理我。反正看见这样的回复，我是绝对不会继续跟对方聊天的。

中国礼仪讲究“敬人者，人恒敬之”，我们通过微信、QQ这种线上方式交流，一定要学会通过文字、语音，将自己对谈话的认真、对对方的尊重传递过去。避免用“嗯、哦、啊”这类单字回复别人，言语间不要让对方感受到不耐烦。你拿出热情、亲切、认真的语气回复对方，对方才会对你抱有同样的礼敬。

曾有人在微博上做了一个投票活动，票选“你最难以接受的微信、QQ说话方式”，用微信和QQ沟通时问别人“在吗？”位居榜首，成为网友们最不喜欢的说话开场白。

有网友这样调侃说：“问‘在吗’的那些人是怎么想的？你不说找我什么事，我哪知道我该不该在。”

用微信、QQ交流不像登门拜访，并不需要遵守预约拜访的礼仪。人们使用微信、QQ这类即时交流工具，更注重沟通的效率，简化流程、直奔主题问话是非常重要的。考虑对方所处的环境和沟通的便捷性，用快节奏的沟通减少对对方的打扰，也是礼貌待人的一种方式。

同样是在上面这个投票活动中，位居“难以接受”排行榜第二和第三的微信、QQ 沟通行为，分别是“连续发送长语音”和“不打招呼就把人拉进群里”。

试想一下，我们在打开微信后，忽然连续收到别人六七条语音，打开一看，每条语音都有 60 秒，这是不是也是一件很让人抓狂和崩溃的事呢？还有，忽然就被人拉进购物群、工作群，事先却完全没有跟你打招呼。在陌生的群里，面对一群陌生的人，你会不会担忧信息泄露，或者对突如其来“嗡嗡”的群消息感到焦躁、气愤呢？

能够站在别人的立场思考问题，重视别人的情绪和感受，是最高级的修养，也是最基本的礼仪。记住：请不要连续发送长语音，如果是无法简单说清的事，就先在微信里和对方预约合适的时间，打电话进行沟通；不要随便拉别人进群，充分尊重他人隐私，拉群之前事先告知别人，征求对方同意。这些都是微信、QQ 交流中最基本的礼仪，也是帮我们顺利与他人进行线上沟通的秘诀。

很多时候，我们在微信、QQ 上的无礼行为可能都是无意识的，但无意识的行为恰恰反映着一个人最真实的素质。用传统礼仪精神有意识地规范你的微信、QQ 礼仪，推己及人地尊重他人，你在网络空间中才不会因为一句“嗯、哦、啊”而得罪人。

视频会议，远距离沟通协作见人品

互联网时代，视频会议已经成为人们重要的工作方式之一，尤其在近几年全球疫情的大环境下，线上办公几乎成为很多人的常态。回归居家办公环境，大家对自身形象、举止的关注度就有所下降。睡衣睡裤、不修边幅、走神儿瞌睡、中途离开会议，都是我们在远距离视频会议和线上办公中常见的情况。但网络空间不是无礼之地，线上视频会议也不忽视礼仪。有些看似是视频会议礼仪中的小细节，但反映的却是一个人的形象素质、内涵品格。

疫情封控期间，在广告公司工作的高慧也转为线上办公，每天的工作汇报、项目讨论，都要通过视频会议进行。

一天，部门开创意研讨会，作为创意一部的部长，高慧主持视频会议。到了约定的会议时间，部门同事都准备妥当，等待高慧在群里发起视频会议，可等了半天却迟迟不见动静。同事小王在群里问："高部，咱们今天的会议正常进行吗？"五分钟之后，高慧才姗姗来迟，回复说："大家再等我五分钟，马上开始会议。"

五分钟之后，高慧发起会议，视频接通后，大家看到高慧蓬头垢面，穿着居家服坐在屏幕前，一副睡眼惺忪的模样。等了半天，却等来这样的视频开头，大家都觉得心情郁闷，却又不好表现出来。

随后，在会议进行中，高慧发起创意讨论，可是她说到一半，就起身去找资料，后来又接听了一个电话，收了一份外卖。开到后半段，小组头脑风暴时间要共同探讨新广告的主打卖点，高慧跟同事们说："咱们下面开始讨论，我这边不太方便，先关一下摄像头，开着语音，大家别管我，正常讨论就行。"随后便关上了摄像头，只用语音与大家沟通。

原本约定好的视频会议，开得一团糟，同事们觉得高慧不仅浪费大家的时间，还轻视创意研讨会的重要性，十分不尊重人，纷纷在背后抱怨说："谁不忙，谁没事儿呀？就她的时间是时间！自私、没素质，一点儿礼貌都不懂。"

我们或许都遇到过视频会议中各种"鸡飞狗跳"、奇葩、无礼的情况，身边像高慧这样不注重视频会议礼仪，将视频会议视为没有拘束、放松随意的聊天的人也大有人在。但是通过网络空间互动，借助视频会议交流，我们展现的是个人的形象，种种无礼的举动不会因为隔着屏幕就更能让人包容。将礼仪贯彻到线上、线下的每个时刻，我们才能留给人专业、敬业、表里如一、优雅谦和、有礼有节的印象。

那么，到底如何让视频会议这样的远距离沟通亦不失礼，不像上面案例中的高慧那样惹起众怒呢？下面这些做法值得我们学习。

准时加入会议，守时守信，不忘尊重参会者，是视频会议最基本的礼仪。古代礼仪讲究言出必行，答应别人的事情一定要完成。换到线上环境，开视频会议也是一样的道理。比如例子中的高慧和别人约定好开会时间，就应该提前做好准备，调整好自己的状态，提前 5 ～ 10 分钟进入会议直播间，准时开始会议。不浪费别人的时间，守时守信，是对他人最基本的尊重。

而且，视频会议也要讲究传统礼仪“正容体，齐颜色”的规范，注意自己的仪表。开会穿睡衣、不洗漱，都是无礼的，这会让对方觉得会议不被重视，也是看轻其他参会者的表现。我们应该按照日常线下社交工作的穿衣戴帽礼仪，做好仪容仪表整理，精神饱满地加入会议，这样才能让与会者感受到我们的精致、庄重。重视自己的形象，也是尊重他人的表现。

另外，保证会议环境的安静、打开摄像头让对方看到你的样貌神情等，都是重要的视频会议礼仪。中国礼仪讲究己所不欲，勿施于人，我们都很讨厌视频会议在嘈杂的环境下进行，受不了自己开摄像头，对方却只接入音频。这些做法都会削弱对方参会时的专注度和参与感，影响会议效率，让人觉得不自在，也给双方表情交流、专注沟通带来障碍。所以进行视频会议时，应该选择明亮、安静的会议环境，专注开会本身，不吃东西，不接电话，不做无关会议的事情，除非有紧急情况，否则不轻易中断会议；还要注重与人实时交流，用语言、表情、动作等，通过视频传递给对方等同于线下的亲切感，别人才会觉得你专业又不失礼。

礼仪是表里如一、由心出发的尊重，视频会议也遵循和线下会议一样的礼节，我们才能通过视频，实现人远情不远，与别人达成更和谐、更紧密的协作。

第九章

中国式涉外礼仪：入国而问禁，入乡而问俗

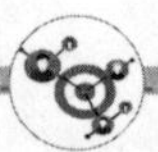

广阔世界，各有风俗，我们只有先尊重别人的文化风俗，才能换来对方同等的友善与尊重。

随着时代的发展，涉外交流已经成为我们生活中很常见的情形。想要与外国友人交流时游刃有余，我们就要谨记“入国而问禁，入乡而问俗”的中国礼仪规矩，充分了解和尊重对方的国家风俗，让我们的言谈举止不犯他人忌讳。

入乡随俗，尊重国外礼俗

《礼记·曲礼上》中有这样一句话：“入境而问禁，入国而问俗，入门而问讳。”意思是说，我们到了一个国家，就要了解这个国家法令禁止的事；到了某个城市，就要知晓当地的习俗；而去别人家中，就要向主人了解家中所忌讳的事。这是古代传统礼仪教我们的规矩，后来又有了“入乡随俗”这个词，指人到了一个地方，就要顺从当地的风俗习惯，主动融入并适应当

地的风俗文化，以保持对当地人的尊重。

中国礼仪文化博大精深，传承千年至今，入乡随俗的礼仪学问对我们出国旅游、务工、海外留学、接待外宾等十分有帮助。在经济全球化的今天，涉外交流已经成为我们生活中的寻常事，但仍有一些人平时“不拘小节”，礼仪上缺乏自律，而在涉外交往中频频出错，不但贻笑大方，破坏外国友人与国人之间的关系，更连累国家形象受损。所以与外国友人和外宾交往，最基本的就是尊重外国礼俗，入乡随俗才能赢得尊重，传递友善。

旅游达人北石有个环游世界的计划，想走遍全球，写一本环球游记。但平日里就大大咧咧的他，为人懒散又粗线条，旅行总讲究随遇而安、顺其自然，很少提前做功课，以至于在旅行途中闹了很多糗事。

在游历至印度新德里时，北石观察和了解到，印度人习惯用手吃饭，于是他也入乡随俗，跟新认识的当地朋友一起就餐时，模仿对方用手拿东西。可是，印度朋友看到北石吃饭的姿势却愣了一下，进而紧张地制止他，并告诉他：“我们这儿的习俗是用右手吃饭、拿东西，绝不能用左手。我们洗澡、上厕所才用左手，左手不洁净，你这样做太没礼貌了！”

原来左撇子北石习惯用左手，而事先又没仔细了解印度的礼仪和风俗，才发生了这种窘况。还好他的印度朋友体谅他初来乍到，不懂当地习俗，才没计较他的无礼。但这件事仍然给在场的其他印度人留下了不好的印象。

其实，像北石这种违背他国礼俗的无礼行为，我们在涉外交往时完全可以避免。网络发达，信息检索便捷，只要我们在出国之前，先查阅了解一下目的地国家的风土人情和礼俗禁忌，或者通过网络社交，询问一下去过那个国家的人，就能及时避免因为文化习俗不同而产生的无礼行为。

下面列举了一些国家在风俗和礼仪方面的禁忌，了解这些禁忌，能让我们在涉外交流时展示大国礼仪风范，保持和当地人民融洽的关系，也不会因为自己的举止失当而有损其民族感情或惹起事端。

忌用左手是很多国家的礼俗。除了上面提到的印度，在缅甸、马来西亚、泰国以及一些阿拉伯国家，都有严禁用左手握手，不能跟别人挥左手，忌讳用左手做一些手势动作的礼俗。这些国家和地区认为左手是肮脏的，用左手做手势动作，或者给别人传递东西，都会被视为对他人无礼和轻蔑的行为。

忌摸别人头顶是很多信奉佛教的亚洲国家的礼俗习惯。哪怕大人对待小孩子，也不能抚摸头顶来表示关爱、亲昵，凡是接触他人头部的手势动作，在这些国家都是礼仪禁忌，是犯忌讳的。

在大多数国家，都要注意不能随便拍照。无论从民俗因素考量，还是出于对他人隐私的保护，我们都应该尊重其他国家和民族的禁忌，在未经允许的时候，不随便拍照，尤其不能拍摄女性。即使得到允许，对文物、古画等拍照也要注意忌用闪光灯。

入乡随俗，尊重别国的礼俗文化，是涉外交往最基本的礼仪。我们的祖国正以蓬勃发展的全新姿态，向世界展示我们的文化底蕴和创新发展。作为炎黄子孙，我们走出国门，也要通过自身的礼仪和行为规范，让外国友人看到我们的大气与包容、尊重与友好。

用对见面礼节，国际交往不惹祸

不同民族在见面行礼时都有自己独特的肢体动作，古代传统礼仪中，见面行礼常用作揖、鞠躬、跪拜等礼仪，而西方人则习惯通过握手、拥抱、贴脸等方式传达感情。无论古今中外的哪种方式，这些见面时用到的肢体语言，体现的都是我们尊敬他人、谦虚有礼、友善博爱的美好品质。

如今全球化已成大趋势，当前国际通用的见面礼节融合了中西方文化，普适性较广，在工作、求学、交友等场合，我们必须掌握并运用一些见面礼节，才能在国际化交往中游刃有余不失礼，见面交友不唐突。

于耀是一家外贸公司的经理，由于工作需要，经常要与外国人接触。但于耀对国际交往中经常使用的见面礼节一知半解，又懒得学习，总是乱用见面礼节，险些得罪了客户。

一次，于耀要跟某个英国公司签订一笔大订单。在项目沟通时，英国那边的公司派了一位主管前来洽谈。为了促成这笔订单，于耀希望给这位来对接的主管留下好印象，于是从酒店餐会到参观会议，都面面俱到地做好了准备，就等对方到来。

在机场接到这位英国主管时，于耀为表示热情欢迎，特意张开怀抱，迎上对方，给了对方一个大大的拥抱礼。拥抱对方之后，于耀还用中国人称兄道弟的习惯，拍了拍对方后背，哈哈大笑说："可算接到您了！"

被突然给了个拥抱礼的英国主管眉头紧锁，一脸不悦地承受完这个拥抱，就和于耀保持了一定的距离。在随后的参观洽谈和对接中，于耀觉得这位客人对自己的印象似乎一直不太好，但他却百思不得其解，明明自己热情客气，礼貌周到，怎么会得罪他了呢？

其实，这都是于耀不懂国际交往中的见面礼仪惹的祸。虽然拥抱礼是国际交往中比较常见的见面礼节，但注重礼仪的欧洲人却并不习惯与初次交往的人行拥抱礼。而且行拥抱礼的正确方式是：行礼双方正面站立，举起手臂，按照顺序先向左侧拥抱，再向右侧拥抱，最后再向左侧拥抱。而且于耀拍对方后背的做法也是错误的。正确的做法是左臂下垂，右手搭在对方左肩后面，并用左手扶住对方右侧后腰，这才是一个规范完整的拥抱礼。

除了对拥抱礼的误解，中国人对国际交往中常用的亲吻礼也经常有一些误解，其实亲吻礼也不适用于初次见面。一般同辈人或兄弟姐妹使用亲吻礼，只是相互贴一贴面颊。而长辈对晚辈使用的亲吻礼才是真的“亲吻”，但也只限于长辈吻晚辈额头和晚辈吻长辈下颌这种礼貌的亲吻方式。

另一种我们常见的见面礼仪吻手礼也不可随便乱用，且只限于对已婚女性使用。方式是男士用右手或者双手抬起女士的右手，轻轻亲吻女性的手背或手指，这种亲吻也只是象征性地轻轻碰一下。

在国际交往中，更为常用的见面礼节其实是握手礼和鞠躬礼。大多数国与国的交往、商务交流、工作会晤等涉外交往和国际化交流中，用握手表达祝贺、安慰、感谢、鼓励等情绪即可。而鞠躬礼更流行于与日、韩等东方国家友人进行会晤的场合，是比较常用的致意礼节。

双手合十这种“合十礼”又称“合掌礼”，属于东南亚佛教国家常用的礼仪，适用范围不大，但是在特定地区却是十分通俗的见面礼节，对此我们也需要了解。

第一印象能决定我们与他人的后续交往是否顺利和长远，正确使用见面礼节能帮我们给初见的外国友人留下礼貌得体的好印象，也能让对方在礼节中感受到我们的敬意和尊重，我们与对方以后的交往自然能借初见时的好感，一帆风顺。

出了国，这些手势别乱用

经常听人说，手是人的第二张脸，这话不仅在护肤保养方面适用，在我们的人际交往中也同样适用。社交往来中，很多时候我们不仅要靠语言来沟通，还不可避免地需要用一些手势，来补充和衬托语言未能表达出的意图和情感。

中国传统礼仪中有拱手礼、抱拳礼这类拜见他人的手势礼仪，用于表示对别人的尊敬、问候、敬佩等情感。现代礼仪中，也有竖起大拇指表示称赞、食指竖着抵住嘴巴表示噤声等手势语言。但是，十里不同音，百里不同俗，一些中国礼仪中常用的手势，在其他国家和地区可能就有不同的含义，同样的手势，在异地异国使用就可能会触犯他人的忌讳。所以，涉外交往中，注意手势运用，了解别国手势语言的含义，合乎规范地运用手势，才不至于引发误会和非议。

一位中国旅行博主去希腊旅游采风。在希腊暂居的那段日子，他十分喜欢深入当地居民生活，去拍摄一些希腊风土人情和人们平凡生活的照片。

一天，在一片民居附近，这位旅行博主看到有几个小孩子在玩儿滑板，觉得孩子们的笑脸和帅气的姿势，配上那天的好天气，十分漂亮，于是便拿出相机想拍几张孩子们玩耍的照片。

拍了一会儿，旁边走过来一位希腊当地人，大概是其中某个孩子的家长。这位家长看到有个外国人拿着相机拍摄自己的孩子，十分不悦，于是上前跟这位博主理论，意思是想让博主删除照片。但是由于语言不通，沟通了半天，这位博主也没有解释明白自己的身份，没有表达好自己拍照是善意的，他只是觉得孩子们玩儿滑板很酷。这位博主忽然灵机一动，想用手势跟对方沟通，便一边指指孩子们，一边又指指相机，向上竖起大拇指，想表达对孩子们的称赞。

没想到，这位希腊家长看到博主的手势后勃然大怒，冲上去和博主厮打起来。后来闹到警察局，由警察和翻译调和，这位博主才明白，原来在希腊，向上竖起大拇指是“滚蛋”的意思，而并非中国人所认为的“称赞”的含义。

因为不知道当地手势禁忌而闹了个大乌龙，甚至发生冲突，闹到了警察局，实在是无妄之灾。所以我们在出国时，为了避免这样的误会发生，一定要了解所去国家的礼仪常识，知道哪些手势代表什么，哪些手势绝对不能做。

国内常用的“OK手势”，表示“好的”“没问题”等含义。但别以为其来源于英语文化，就能在国外随便使用，这个手势也不是放之四海而皆准的。在法国和比利时，“OK手势”的含义是“零”或“一文不值”，属于贬低别人的意思；而在希腊、土耳其等地中海国家，该手势则有侮辱的含义；如果在俄国、巴西、德国或中欧国家使用“OK手势”，那对不起，你可能就会挨揍了，因为在这些国家，这个手势代表着说粗口。

我们常用“V字手势”表示胜利、高兴、“耶”的含义，但在国外使用该手势时，要注意手背朝向。在英国、新西兰、澳大利亚、爱尔兰等国家，如果手背朝外比“V”，是带有侮辱的意思。所以，在这些国家拍照，比“V”要记得手心朝外。

现代中国人常用的“竖起手掌、手心向外”的手势，我们一般认为其有“稍等”“别过来”等含义，所表达的情感比较平和，并无特别的侮辱含义。但是在希腊、巴基斯坦，以及一些非洲国家，竖手掌、手心向外，则是一种严重侮辱对方的手势，有谩骂对方的含义，表示不想听对方说话，忽略对方的话；而在韩国，这种手势也被认为是不尊重对方，一般韩国人叫狗过来时，会使用竖手掌、手心向外这个手势。

由此可见，手势语言不可乱用，一不小心就会惹出大麻烦。走出国门，我们一定要认真了解所去国家的手势语言礼仪，尊重当地手势习惯和文化，这样才能正确表达礼貌，收获友谊。

涉外馈赠，非同常“礼”

我国素有礼仪之邦之称，传统文化中有礼尚往来的习俗。礼物是人际交往的有效媒介之一。所谓“礼多人不怪”，得体的馈赠犹如无言的使者，传达着对受礼人的敬意、祝贺、酬谢、慰问和关怀，是拉近彼此关系的一种很好的礼节。尤其在涉外交往中，馈赠礼物不但能传递情感，还能展示中国礼仪和文化的魅力，可谓是一箭双雕。

但是涉外送礼有讲究，礼物选错，则礼节与尊重全无。了解涉外赠礼规矩，才能让我们的对外交流事半功倍。

国内某丝织品工厂要接待意大利来访的考察团。为表示敬意及充分展示自家工厂生产的优质产品，厂里准备给考察团每个人送一件真丝手帕，作为初次见面的小礼物。为表示重视和亲切，接待负责人特意选择了绣有“梅兰竹菊”不同花草图案的手帕。因为梅兰竹菊在中国被誉为“四君子”，负责人希望在传播传统文化的同时，也能表达对考察团外宾的赞誉。他料想这份礼物应该会受到欢迎。

当日负责人迎接考察团时，笑脸相迎地赠出了礼物。没想到，这些意大利朋友在车上打开礼物后，却一片哗然。原来在意大利等西方国家，送手帕的意思是告别，而菊花在中国虽有高雅之意，但在意大利文化中却是祭奠亡灵的意思。这样一份有违对方文化习俗的礼物，当然惹得意大利考察团十分愤怒。后来负责人费了好大周折，才解释清两国之间文化的差异，终于消除了误会。

涉外馈赠礼物，不同于国内社交时的赠礼，我们需要了解外国友人和来访者的文化习俗和礼仪禁忌，避其禁忌，投其所好地赠礼，才能礼物之中见礼仪，收获皆大欢喜。

首先，涉外赠礼要避其禁忌。不同国家对颜色、数字、花卉等都有不同禁忌。在颜色方面，日本人忌用绿色，认为不吉利；比利时人和埃及人忌用蓝色，认为蓝色是恶魔的象征；巴西人则认为棕黄色是凶丧之意。在数字方面，西方多数国家忌“13”和“星期五”，认为不吉利；朝鲜和日本，乃至中国，则忌讳“4”，认为其和“死”谐音。在花卉方面，德国人不喜欢郁金香，巴西人忌讳黄色和紫色的花，日本人认为荷花是不祥的象征。这些禁忌在涉外赠礼时都要注意。要根据外宾从何而来，选择符合其本国文化的礼物，礼物应避免触碰其国禁忌。

其次，涉外送礼还应根据来访者身份赠送，注意送礼规格是否合乎礼节。在选择礼品时，可以事先沟通，确认对方的身份，确定礼遇规格。选择礼物应有所区别，但也不必过分厚此薄彼。根据不同的礼遇规格，选择方便携带、价格适中、寓意美好的礼物，这样更能充分表示出尊敬和友谊。

此外，一些非正式场合下接待国外朋友，则可以根据实际情况灵活选择赠礼，但原则上仍需遵守以上所说的几点。

总之，了解外宾的风俗习惯，避其禁忌，尊其身份，用心选择一些既能代表我们的关心，又有美好寓意和文化内涵的礼品，在适当的场合赠送给外宾，就能在赠人惊喜之余，让对方感受到礼貌、友善和敬意。

涉外宴请，细节之中见大国风范

宴会酒席一直是检验一个人礼仪到不到位的重头戏。从邀请对方、点菜落座，到餐具使用、敬酒礼仪，无不显示着一个人的内在修养。

中国传统礼仪文化在宴请宾客方面就有很多讲究。邀请别人赴宴要递送请柬；宴会落座要以左为尊，以“坐西面东”为尊，按照尊卑长幼的顺序落座；点菜前要问禁忌；杯筷碗碟的使用都有固定的动作规范；连敬酒也不能忘记尊长敬贤等规矩。这些古代礼仪文化到了今天虽然形式上有所改变，但其中蕴含的礼仪精神仍然不变，成为今天中国人骨子里的礼仪“基因”，在涉外宴请中也多有应用，让我们在招待外宾时有礼可依，有规可循。

2022 年北京冬奥会，又是一次给中国人“长脸”的盛会，尤其是冬奥会期间中国官方为来自不同国家的参会者准备的丰富菜品，更是频频登上热搜，甚至“豆沙包”和“韭菜盒子”这种中国特色美食，也因为运动员们的喜爱，而成为冬奥村的美食“网红”。

赢得参会运动员和网友们交口称赞的冬奥会菜品，显示的就是中国在涉外宴请方面的大气礼仪。

2022 年冬奥会菜品设计供应时，充分考虑到国内外差异、东西差异、南北差异等口味问题，也尊重和关注不同国家、民族和宗教的饮食习惯，并为此特别设计了 678 道中西兼顾的菜品，每天提供大约 200 种各色美食，并保持 8 天更换一次。菜品整体以中餐为主、西餐为辅，充分营造中西文化交融的饮食环境。

这样细致周到的菜单设计，是中国人对世界友人最大的礼遇与敬意。试想，如果我们在异国他乡，对方能细心周到地安排我们的饮食，让我们能吃上家乡美味的同时，还能品尝到国外特色美食，充分照顾我们的感受和体验，我们是不是也会觉得被对方重视，感受到对方的热情和尊重呢？

所以，想在涉外宴请中让别人感受到关怀和温暖，感受到尊重和友善，我们不妨重视在细节处做得周到，让我们的宴请礼仪无可挑剔。

涉外宴请发邀请函的礼节，基本上大多数人都懂。但很多人发放邀请函只考虑通知对方宴会的时间、地点、主题等基本信息，而忽略对方可能会有陪同人员出席。这样漏发邀请是非常失礼的，也容易给别人带来尴尬。所以，递送邀请函时，不妨礼貌地询问，对方是否要携陪同人员一起出席，确定出席人员，一视同仁地递送，受邀者会感谢你的礼貌周到。

涉外宴会的服装选择也是礼仪细节的重点。根据宴会规格、季节、参会人员身份等，我们可以选择不同的正式服装，西装、连衣裙、旗袍等都是合适的。但夹克衫、牛仔裤、超短裙这类服装容易让对方觉得你不重视这次宴请，属于较为失礼的着装。

涉外宴请一定要记得事先询问受邀者的饮食禁忌，并在点餐前为外宾介绍菜单供其选择。而在安排座位时，则要按照国际礼仪，结合受邀者的身份、地位，以主人右方为尊位，依次邀请外宾入座，并根据外宾的特殊要求，适当调换座位。

此外，中外饮酒习俗和礼仪存在着差异，涉外宴请中，可以敬酒，但不能劝酒，尤其不能对女宾劝酒。宴会祝酒时，主人和主宾说祝酒词时，眼神要注视对方，认真倾听，表示尊重。讲话结束后，需要碰杯时，由主人先和主宾碰杯，或者多人同时举杯示意都是可以的。

冬奥会上“一个豆沙包”所展现的亲切与尊重就能“刷屏外网”，让外国人对中国礼仪、文化有更多的理解和向往。如果我们能在涉外宴请时，从礼仪细节处关照他人，为他人着想，尊重对方，也一定能给外国友人留下良好的第一印象，使其产生宾至如归的感觉。

接待外宾，礼让一小步，格局大十分

尚德崇礼是中国人自古以来的传统，尤其在接待外宾方面，传统礼仪讲究“尽地主之谊”，外宾来到主人的“地盘”，主人家就要在食宿接待、迎客、送客的礼仪方面做到周全。宾客有宾至如归的感觉，才会认为主人礼仪得体、温文尔雅，才能促进双方未来长久的交流合作。

《论语·乡党》就记录了孔子奉命接待外宾时的礼仪行为。书中写道：孔子奉鲁国国君的命令去接待使臣宾客。接到任务的孔子步伐轻快、面色庄重地来到宾客跟前，向着宾客作揖行礼，且孔子快速走路时，纵使衣裳前后摆动，也仍能保持衣衫整齐。而在送别外宾时，孔子会送宾客出门，目送宾客离开，直到客人走远，不再回头了，孔子才会返回，并向君王汇报：“客人已经不回头了。”

这段春秋时期孔子接待外宾的礼仪记录，对今天我们接待外宾仍有借鉴价值。随着时代的发展，礼仪会有所变化，但像迎宾待客要衣冠整洁、等待外宾要热情守时、目送外宾要等人走远再离开等礼仪，在今天的外宾接待中仍然适用。

中国传统礼仪历经千年传承，仍有其“活”的时代价值。《礼记》中传统礼仪对站立行走的礼仪规范，对尊卑有别、长幼有序的讲究，都可以用于现在的对外接待礼仪中。比如，在接待外宾时，本着远来是客，以客为尊的原则，遵循传统礼仪，处处谦让客人，时时礼敬对方。

周恩来总理作为事事讲礼貌的楷模，在接待外宾时，言谈举止都展现了中国传统礼仪的精髓。他接待外宾时，无论对方来自大国还是小国，无论来宾职位高低，都以礼相待，处处做到周全，非常值得我们学习。

一次，周总理为一位外宾送行，同行的还有几位常驻的中国外交使节。送走外宾，在返程途中，司机为了让周总理快点儿回去休息，于是加速开车，想超过前面外国使节的汽车。周总理发现司机加速后，立刻制止说："司机同志，别急，咱们怎么能这样做呢？注意礼貌！晚回去一些不要紧，可不能犯大国沙文主义的毛病。"

司机闻言立刻减速，并十分感动于周总理的思虑周全和行事礼貌。

周总理不让司机超车，坚持的就是传统礼仪敬人谦己、以客为尊的规矩。走在外宾使节后面，让对方先行，让的是一点儿时间，一小段路，赢得的却是外宾印象中更长久的敬意和彼此更长久的友好关系。

无论是传统礼仪学问，还是国际通用礼仪，只要遵守礼仪原则，就能在接待外宾时得心应手，举止有度。一般来说，在接待外宾时，需注意以下几个方面：

第一，接待外宾在时间上一定要准确，避免模棱两可，产生误会。遵守约会时间，是取信于人的基本，也是礼仪的基础。

第二，在公共场合接待外宾时，要时刻注意自己的行为，站、坐、走都要符合规范，说话时神情矜持和蔼，面带微笑。

任何失礼或不合礼仪的言行都会被视为有失体面。

第三，尽量不要当面纠正外宾的错误，除非这个错误严重到危及生命安全或者有违伦理道德、触犯法律、触及我国底线，否则要维护外宾的尊严，维护对方的公众形象，充分展示我们的尊重。

第四，有些时候，进行国际交往的宾主双方往往都不止一个人，在涉及排列顺序，比如会见、合影时，应该遵循“以右为尊”的原则，这与中国传统礼仪“以左为上”正好相反，但却是国际上比较通用的做法。

了解以上这些接待外宾的基本礼仪常识，方可保证我们在涉外场合不出错，从而展示个人素养，展现大国风范。

第十章

中国式生活礼仪：处处不失礼，时时受欢迎

孔子曾经说："不知礼，无以立也。"在日常生活中，我们如果不懂礼仪，就不能立足于社会。懂礼貌的人，给人温润谦和之感，他们敬人谦己，为他人着想，谁不想和这样的人相处呢？

所以，我们在生活中也要做个知礼守礼之人，了解不同场合下的礼仪规矩，做到处处不失礼，才能时时受欢迎。

探病礼仪：推己及人，做个贴心的探望者

常言道："天有不测风云，人有旦夕祸福。"平常生活中，亲朋生病、同事住院等情况时有发生，我们难免要去探望，以表达我们的关心和对患者早日康复的祝福。而中国礼仪自古讲究颇多，探望、拜访都有一套规矩学问。尤其当我们的探望对象是病人时，更有很多细节问题需要注意。通常来讲，病人都很敏感、脆弱，了解一些礼仪，才能避免为其带来不必要的影响。

研究生小王的导师最近生病住院，小王惦记老师，于是周末带上水果前去医院探望老师。来到病房后，小王见老师气色不错，便将带来的水果洗干净，给老师削苹果吃。两人一边吃水果，一边寒暄闲聊，说一些学校最近发生的新鲜事。聊了一会儿，小王突然想起自己最近写论文遇到了一些困难，便想请教一下老师。

老师见小王认真好学，既然身为导师，也不好拒绝小王的求教，只好整理了一下靠枕，端身而坐，指导小王写论文。这一指导就花费了半小时之久，小王一看时间，才觉得自己有些过分，打扰到了老师休息。

小王有点儿不好意思，为找补之前的失误，他开始打探老师的病情。老师说，医生说他患有胃溃疡，但不确定是否为恶性溃疡，需进一步进行病理化验，目前还没有最终诊断结果。小王安慰道："老师您别担心，现在医学这么发达，这类胃病都能治愈。我有个亲戚之前也是胃溃疡，后来就发展成了胃癌，但发现时是早期，做了胃切除手术，现在恢复得很好，什么影响都没有，身体也挺好。您也放宽心，不要太担心。"

听完小王这话，老师立刻拉下脸来，表情十分不悦，也没有和小王再交谈的心思，三言两语便打发他离开了。

小王这个"傻孩子"，在探病礼仪方面犯了一系列错误，而这些可能都是你我曾犯过的错。小王原本来探望老师，带着水果，帮老师削水果，陪老师聊天，刚开始做的都是比较周到的礼数，可他在探病后半段的表现却完全“垮下来”。先是不知分寸地打扰老师，不注意对方身体情况请教问题。后来更是哪壶不开提哪壶，说些不恰当的话，触犯对方忌讳，惹起对方对病情的担忧。这些言行举止上不当的地方都需要我们引以为戒。

其实，得体的探病礼仪并不复杂，我们只要记住为病人着想，理解病人的心情和需求，有分寸地表达对病人的关心，多说一些鼓励、祝福的话，祝愿对方早日康复，就能获得对方的感谢和感动，达成我们探病的目的。

做个贴心的探望者，我们可以先通过微信、电话等方式，询问对方方便探望的时间，避免突然探望，让对方措手不及，产生不便。同时，适当地带一些礼品，比如水果、鲜花、健康食品。注意探望的时间不要过长，避免影响病人休息，也避免在探病时谈论一些可能会刺激到对方，或者触对方霉头、影响对方心情的话题，多说一些对方关注的，令对方感觉愉快的话题，让对方保持良好的心情，比如，可以聊聊外界近况，说一些“希望你早日康复”“我们大家都盼望你快点儿回来”等祝福、期待和鼓励的话，这样不但能帮助病人建立康复信心，还能让对方觉得你是发自内心地关心他。另外，在与病人聊天、握手时，不要表现出嫌弃的表情，一旦有“敬而远之”的表情，对方就会受到伤害，觉得你对他存在歧视和不尊重，这样的探望不但不能增进双方感情，反而容易伤害彼此的感情，是十分无礼的表现。

探望病人不是做个样子，走个流程，应注意探病礼仪，让对方感受到你的尊敬、友善和关爱。你的探望温和有礼，才能探到对方心坎儿里。

丧葬礼仪：生者保重，死者为大

丧葬礼仪，古代也称为“凶礼”，是中国人十分重视的礼仪之一。生老病死乃人生大事，中国礼仪向来尊崇“死者为大”，葬礼作为人生四礼中的最后一礼，更有其严格的规矩和繁琐的流程，如“寿终正寝”“换床更衣”“报丧出殡”等，就体现了中国礼仪文化中对生命的尊重之情。

随着时代的变迁，丧葬礼节越来越简化，人们最常用到的就是传统丧葬礼仪中的“吊唁”礼仪，也就是安慰生者，恭送、缅怀逝者的仪式。由于葬礼本身的凝重感和沉痛氛围，要求人们在吊唁时言行谨慎，如果细节上稍有不注意，就可能给逝者家属的身心造成伤害。

徐明从小在国外长大，最近几年才回国，对中国礼仪文化并不十分了解。一次，他跟朋友去参加一位长辈的葬礼，因为不懂礼数，造成了十分尴尬的场面，差点儿惹恼了逝者家属。

逝者家属是徐明朋友的学姐，而这位学姐平时在学术方面也会指点和帮助徐明和他的朋友，双方算是友好的君子之交。听闻学姐的父亲去世，徐明和朋友前去吊唁。

平时大大咧咧的徐明受外国文化的影响，并不认为亲人逝去是一件十分悲伤的事情，他反而认为，逝去的亲人一定希望看到活着的亲人都快乐开心，他们才能走得安心。

于是，在葬礼现场，徐明脸上毫无悲伤神色，看见这位学姐时也是语气轻松地打招呼，还劝对方："你要开心起来，老人家去世就是去另一个世界享福了，你不要这么难过。"

这不伦不类的话听得这位学姐十分生气，想回对方两句，却碍于场合，不好多说什么，只能僵硬地回答："谢谢！"

后来还是徐明的朋友见气氛不对，一边说着"节哀顺变"，一边不动声色地将徐明拉到一旁，才避免了他再说些不得体的话。

之所以造成这种尴尬的场面，就是因为徐明不懂中国丧葬礼节。本来是关心对方的话，却因为不合礼数，说的场合不对，从而惹得学姐不高兴。所以，了解一些必要的吊唁礼仪，才能让我们在葬礼场合礼数周全，不至于冲撞他人。

传统礼仪中，吊唁是亲友在接到死者家属发的讣告之后，上门慰问家属和哀悼死者。吊唁需要送礼金和挽联，表达内心对死者的敬重、赞美、不舍等情感，也是与死者礼貌告别的一种形式。而死者家属在收到礼金和挽联后，要跪拜答谢前来吊唁者，并按照礼节迎送对方。

现代人参加葬礼时，仍会送给死者家属礼金和挽联，表达缅怀、尊重之情，死者家属一般会以鞠躬致谢的方式，表达对前来吊唁者的感谢。

我们前去吊唁时，注意要穿素色衣服，男女都应选择蓝色、黑色等深颜色的衣服，建议男士内穿白色或暗色衬衣。女士应注意的是，不要涂抹口红，不要戴亮色的帽子或围巾，也尽量不要佩戴饰品，如佩戴应以素色为主，且尽量不要露在外面。

关怀和安慰对于死者家属而言是很必要的，但在措辞表达上仍应注意。作为慰问，一般可以说“节哀顺变”“请多保重”“注意身体”等简短的劝慰话。应尽量避免号啕大哭等过分表达悲伤的行为举止，以免增加死者家属的悲痛。

尊重逝者、理解生者，适当地表达关心，就是最得体的丧葬礼仪。

婚礼礼仪：从“六礼”看中式婚礼的仪式感

婚姻嫁娶是个甜蜜的事儿，无论天南海北、城乡村镇，男婚女嫁都希望给自己准备一个隆重的婚礼，以示对人生大事的重视。因为个人喜好、习惯风俗各有差异，现在中国各地的婚礼礼仪不尽相同。尤其很多年轻人都偏好西式婚礼，认为西式婚纱更有仪式感。但西式婚礼的婚纱、捧花都自有其文化意义，我们所知不多，仅是依照流行去选择婚礼礼仪，就会削弱举办婚礼的意义。

徐元家住广西玉林的农村地区，当地人结婚比较倾向传统的婚礼礼俗。但徐元和新娘胡欣都在城里打工，比较喜欢西式婚礼，新娘一直希望结婚时能穿上洁白漂亮的婚纱。所以，两个人结婚时，没有听从家里父母老人的建议，没有遵循中式传统婚礼“合八字”、订婚、送聘等习俗。婚礼当天，所有流程都按照西式婚礼的标准，新娘也穿上了梦寐以求的白色婚纱。

这样“不守规矩”的婚礼，惹得男女双方父母都很不高兴。因为参加婚礼的客人大多数都是当地农村的亲朋，他们对西式婚礼并不习惯。一些年纪大的老人还在婚宴酒席间念叨说：“结婚嘛，就是红色才喜庆，现在这些后生仔，都忘了老规矩、老习俗，这白裙子哪里有结婚的气氛？”

这样“不伦不类”，不守传统的婚宴，让在场的很多人颇有非议，导致新婚小两口儿听到这些闲言碎语，也有些闷闷不乐。

其实，婚礼并不是一种简单的形式，而是有其丰富的礼仪文化内涵。中式婚礼作为一项传统礼仪，其礼仪规范和文化寓意更符合中国人对喜庆而庄重的婚礼的期待。选择中式婚礼，掌握一些传统中式婚礼必备礼仪，或许你的婚礼将更有文化底蕴和传统特色。

“婚姻”，古时候也称为“昏因”，而“婚礼”则写作“昏礼”。这种叫法主要是因为古代结婚礼仪一般是在黄昏举行，男方迎娶女方，女方因为嫁男方而来，嫁人后成为妇人，所以称为“昏因”。

《礼记·昏义》是这样记载婚姻礼仪的：“昏礼者，将合二姓之好，上以事宗庙，而下以继后世也，故君子重之。昏礼是以纳采、问名、纳吉、纳征、请期、亲迎，皆主人筵几于庙，而拜迎于门外。入，揖让而升，听命于庙，所以敬慎重正昏礼也。”简单来说，婚礼就是通过仪式，让两个异姓家族结成血缘关系，上对得起列祖列宗，下可延续血脉，有了稳固的家庭，国家才能繁荣昌盛。

《礼仪》中规定了婚姻“六礼”，分别是纳采、问名、纳吉、纳征、请期、亲迎。这些规矩在今天的婚礼礼仪中也有传承。

“纳采”，简单来说就是男方想求娶女方，需要去女方家提亲，带一些提亲礼物，跟女方家长表达婚姻的想法，征得对方同意。纳采之礼一定要用到“雁”，新郎到女家，献雁作为贽礼，称“奠雁”。今天我们登门拜见“准岳父、准岳母”当然不可能带一只大雁，但也不可空手登门，带一些烟、酒、茶叶等得体的礼物，或专门为女方父母及女方定制一些价格适中、有寓意的礼物，表达对对方的尊敬和对婚姻的重视。

“问名”，是纳采之后，男女双方“合八字”，通过占卜、算命来看男女双方是否“相冲相克”。虽然占卜算命之说没有科学依据，但这种仪式代表了传统婚礼礼仪中对新婚男女的美好愿景。

“纳吉”，俗称“送定”“定聘”。男女双方合八字之后，在祖庙进行占卜，得吉兆之后，再把备好的礼物送到女方家，双方正式说定结婚的事，也就相当于现代礼仪中的订婚。

“纳征”，俗称“彩礼”“过大礼”，需要男方前往女方家送聘礼，完成纳礼之后，才可以成婚。说到“彩礼”，现代人可能有话要说了，最近几年，新闻里时不时会出现一些由“彩礼”引发的风波，很多人对彩礼都十分反感。其实传统婚礼礼节中，也并非以金钱衡量彩礼，当时的彩礼多为绢帛，代表男方的诚意和礼貌。因此，遵从传统婚礼礼节，我们在彩礼选择上，应以价格适中的物品为宜。彩礼能表达出自己对婚姻的诚挚、重视，以及对女方的爱慕和尊重即可。彩礼不必昂贵，得体才最可贵。

“请期”，也就是“提日子”“送日子”，是男方占卜选定婚期，并将吉时告诉女方，女方同意后，就可确定婚期。在当今的婚嫁仪式中，我们也会选个“黄道吉日”举办婚礼。这是中国礼仪对结婚这件人生大事的重视，是传统习俗中的一部分。

亲迎，是“六礼”中最为隆重的礼节，即婚礼喜宴当天的礼仪。男方需亲自前往女方家迎亲，这一环节到今天都没有改变。男方到女方家迎亲，要对女方父母揖了再揖，再三作揖，表示最诚挚的尊敬。迎女方回家后，就到了婚宴酒席的环节。

婚宴酒席上的礼仪类似于一般酒席需要注意的礼节。对于宾客而言，要衣冠整洁，敬酒不劝酒，不说忌讳话，当新人遇到尴尬场面时，多出言帮衬、打圆场，等等。

对于新郎新娘而言，婚宴礼仪应保持大方得体的仪态。鞠躬答谢来宾时，背部一定要挺直，腰部以上部位向前倾大约15度，而且在鞠躬时，不要抬眼看人，否则会有不礼貌之嫌；新郎新娘敬酒的顺序很重要，通常情况下，新人要先敬到场的领导，然后依次敬新娘父母、新郎父母、女方亲戚、男方亲戚、女方朋友、男方朋友等。在敬酒前，新郎新娘应该互相熟悉双方前来参加婚宴的宾客身份，以免敬酒时喊错名字。

中式婚礼以极强的仪式感、喜庆欢乐的氛围、深厚的中华传统文化底蕴以及独具特色的魅力，受到越来越多新人的喜爱，值得我们继续传承下去。

舞会礼仪：礼仪让你展示魅力

大家对高端社交宴会是否都有过这样的想象呢？宴会场内觥筹交错，男士女士翩翩起舞，大家在一片优雅、唯美的氛围中谈商务合作、国内外新闻，拓展人脉、交换资源。

其实，这也是现代社交场合中，很多主办方办交谊舞会的目的，希望通过舞会这种优雅和谐的形式，给八方来客打造更舒适的交流氛围。舞会这种来源于西方文化的社交活动，已经成为很多高端人士钟爱的社交方式。

然而，舞会礼仪讲究颇多，如果不了解其中的规则，贸然在这样的场合中进行社交，很容易在言行举止上失礼，轻则惹人笑话，重则影响你在社交圈中的形象，容易给人留下“这人素质不高，没见识，好土气”的负面印象。

蒋老板第一次参加商务社交舞会，对舞会的礼仪并不了解。初次来到这样的场合，他只觉得现场美食美酒无比诱人，众人西装礼服十分养眼。

见其他人纷纷邀请舞伴跳舞，蒋老板也跃跃欲试。正好看到某电子企业的李总还没有舞伴，于是蒋老板决定邀请李总跳舞，并趁机聊聊两家企业合作的事。

蒋老板来到李总跟前，礼貌地问对方："可以和您跳一支舞吗？"李总欣然同意。两人在场内翩翩起舞，蒋老板趁跳舞的机会跟李总聊起了自家新产品的优势、手头资源等话题。一曲终了，李总觉得有些累，准备去旁边休息一下。可蒋老板的"商业计划"正说到兴头上，于是趁着乐曲间隙，继续和李总聊天。下一曲音乐响起后，他又自作主张，拉着李总跳舞，滔滔不绝地说着他的想法。

待舞曲结束，李总立即抓紧时机"跑路"，拒绝了蒋老板的第三支舞。而蒋老板自以为和李总"相谈甚欢"，在宴会结束的第二天，还致电邀请李总，想进一步聊聊昨天没说完的事，不料却吃了李总的闭门羹。这让蒋老板十分不解。

蒋老板不尊重舞伴意愿，以自我为中心的谈话，自然引得对方反感。舞会礼仪不可忽视，掌握舞会的基本行为规范，才能在这类社交活动中展示魅力，获得人脉。

参加舞会首先要做到衣冠得体，整洁大方，衬衣、领带、鞋子，每个细节都不能忽视。要通过独具特色并符合舞会主题的礼服，来展现自己高雅的风度和优美的线条。还要注意自己的口腔、身体有无异味，应展示给别人一个端庄整洁的仪表。

舞会的第一支舞曲一般是由高位者或主人夫妇、主宾夫妇共舞，第二支舞曲则由主宾夫妇交换舞伴共舞，到第三支舞曲才是自由邀舞时间。切记不可喧宾夺主，抢了主人风头，破坏舞会礼仪流程。

男士想邀请女士跳舞时，要右手掌心向上往舞池示意，并询问对方："可以请您跳个舞吗？"注意尊重对方意愿，不可勉强。而女士如果想拒绝邀舞，也要委婉有礼地答复，可以说："对不起，我想休息一下。"不要直言拒绝，折损对方面子。

跳舞时男士不可把女士的手握得太紧，更不要把女士的身体搂得过近或紧紧盯着对方，以免引起对方的反感。女士在跳舞时，应保持和蔼可亲的态度，但不能乱抛媚眼，有失自己的稳重。

除了以上基本礼仪，和舞伴跳舞时，应适当给予对方夸奖，自己跳得不好时，也应及时道歉，请对方包容理解，这也是舞会中绅士风度和个人修养的体现。

总之，掌握一些舞会礼仪常识，将言行举止中的每个细节落实到位，我们才能正确展示自身魅力，塑造彬彬有礼的社交形象。

公众礼仪：出门如见大宾，让优雅随行

每个人都身处社会生活之中，我们出门就餐、乘车购物，一举一动都暴露在公共环境下。举手投足间，你到底是彬彬有

礼，还是举止粗俗，都被周围人看在眼里。虽然没人走到你面前，当众指出你在礼仪上的错误，但你的言行举止还是向他人展示了你的人品素质，影响着他人对你的印象。所以，在公共场合保持举止优雅，才能受人尊敬。也许你还能因为自己的谦和有礼而结交好运。

小金收到某个大公司的面试邀请，需要乘飞机前往北京参加面试。飞机上，坐在小金身边的是一位年纪比较大的先生，出于尊老敬长的习惯，小金在飞机飞行途中格外关照这位老先生。他帮着老先生传递飞机餐，借给老先生餐巾纸，一系列彬彬有礼的举动被老先生看在眼里，记在心里。

因为飞机旅途漫长，老先生便主动跟小金聊起了天，询问小金此行的目的。小金谦虚地回答："去参加一场面试，不过，虽然提前做了很多准备，还是有些担心，不知道能不能成功。"

见小金忐忑的表情，老先生表示可以跟他聊聊求职经验。小金听了很高兴，忙请教老先生过往的经验，两人一路相谈甚欢。谈话期间，小金生怕二人的谈话吵到旁边休息的乘客，所以特意压低声音，既保持老先生能听到，又不至于影响他人，一系列礼仪十分周到。

飞机落地，两人愉快地道别，老先生祝福小金说："你这次面试一定会有好结果。"小金也高兴地说："谢您吉言，您也路上小心，一路顺风。”

等小金前去面试时，发现所面试公司的老板，正是飞机上那位老先生。小金飞行途中尊老敬老、不打扰他人等行为，让老先生觉得他是个心存仁爱、品行端正的年轻人，欣然同意他入职。就这样，小金因为优雅的举止获得了面试“通行证”。

所谓“出门如见大宾”，中国礼仪自古就讲究恭敬真诚、处处为别人着想。《弟子规》中讲“凡是人，皆须爱；天同覆，地同载”，这都是对礼仪中关爱众人，关爱社会及周围世界的强调。像小金这样，在公共场合中注意仪态举止，发扬严于律己、宽以待人、仁爱助人的精神，那么自然能得到别人的尊重和喜爱，收获好人缘和一些意外的人脉关系。

然而，总有一些人在公共场合不注意自身言行，凡事以自己为先，忽视他人感受，其行为虽未触犯法律，但却在道德层面为人不齿，造成一些不良的社会影响。

近几年，疫情反反复复，做核酸几乎已经成为生活中的常态，但核酸检测时的插队现象却屡见不鲜。一些人不遵守公众秩序，把插队当作理所当然。

一次，某小区排队做核酸，一位中年女士几次三番企图插队，吵吵嚷嚷地说她着急接孩子放学，没时间排队，希望能优先给她检测。现场排队的人听了，不禁抱怨说：“谁家没事儿？谁家没孩子？要是随便找个理由就可以插队，那还不乱套了呀！”

后来，因为这位女士强硬插队，导致现场秩序混乱，做核酸的速度反而更慢了。最后，还是一位好心的小伙子主动把位置让给这位女士，自己去后面重新排队，才平息了这场插队“风波”。

插队是衡量一个人文明与否、素质高低的界石。乱插队、随便插队是对公共秩序的一种挑战，这种行为是不可取的。

在公众场合中，我们还会遇到一些没有礼仪的人，比如公交车上大声打电话的人，小孩在商场大吵大闹却毫无作为的家长，旅游列车上因占座而吵吵闹闹的乘客等，当看到他们不雅的举止时，我们内心是否也会产生厌烦的情绪呢？这些令我们厌烦的举止，同样也在提醒着我们“己所不欲，勿施于人”。在公众场合保持优雅的举止，不扰乱别人，不妨碍别人，才是最高级的礼仪。

公共场合是大家共同拥有的空间，应避免自己的行为造成他人的不适。一个有修养的人在公共场合从不会高声谈笑，尤其在公交车、火车、飞机等公共交通工具上，无论是打电话，还是朋友之间的谈话，都要注意控制音量，并且注意电话、聊天中的言辞和内容，避免说一些会引起周围人不适的话题。

在公众场合，难免会遇到一些不愉快的情况，比如被人插了队，被人抢了座位，别人家的小孩子太吵闹而影响到我们。

很多人遇到这样的情况都控制不住情绪，可是“冲动是魔鬼”，只有和谐沟通才能解决问题。当遇到以上问题时，我们不妨心平气和地与对方沟通，礼貌地询问对方：“您是不是坐错位置了？需要我帮你找一下座位吗？”“孩子一直哭闹，是有哪里不舒服吗？”“小朋友这样跑比较危险，家长注意看一下孩子，别让他摔了。”将你内心的不悦转化为善意的提醒，这样让对方意识到错误的同时，还会让对方觉得你温文尔雅，是个善良有礼的人。

公众礼仪无小事，我们在公共场合的一举一动、一言一行，展现的都是我们的品格和修养，将优雅举止和谦和礼敬渗透在与人相处的点滴中，我们也能收获更多善意和尊敬，既方便他人，也方便自己的社会生活。

居家礼仪：善待邻里，近邻更胜远亲

俗话说：“邻里好，赛金宝。”这大概是中国文化中对邻里关系十分贴切的形容。都说“远亲不如近邻”，邻里之间处得好，即使大家没有亲缘关系，也能互相帮衬，互相成就，让我们的居住环境变得更为和谐。古代有“孟母三迁”的故事，可见邻居对我们的影响之大。

而今天，很多年轻人经常抱怨邻里之间关系冷漠，甚至我们偶尔能在新闻中看到邻居之间一言不合就大打出手的情况，邻里关系为何会从刚开始的笑脸相迎发展成互相漠视的境况呢？是因为从平房搬进楼房？是因为工作忙碌，邻里之间走动不频繁？也许是我们在邻里相处时，丢掉了礼仪这个“润滑剂”。

生活中若想营造出“我为人人，人人为我”的邻里氛围，靠的就是礼仪，推己及人的礼仪传统。你敬人一尺，人敬你一丈，我们的邻里关系自然和谐向前，越来越好。

古代邻里之间礼敬相处，就有“让一让，三尺巷”这种俗语，教导人们以和为贵。邻居之间互相谦让、宽容待人，或许能收获意外之喜。

古代有个叫罗威的庄稼人，邻居家的牛犊经常跑到他的地里，偷吃他的庄稼，而他几次跟邻居沟通，情况都没有好转。罗威想，牛不懂事偷吃庄稼，那就从牛身上找问题吧，也没必要跟邻居发火，大家耕种养殖都不容易。于是，罗威每天天没亮就出去割青草，悄悄放在邻居家的牛圈前。牛犊吃饱了青草，自然不再祸害罗威家的庄稼了。

而邻居每天都发现牛圈前多了新鲜的青草，观察后才知道，原来都是罗威所为，便觉得十分愧疚。于是，邻居更加严格地看管自己的小牛，还特意做了美食送给罗威，以表歉意。两家人后来相处得越来越和谐。

像罗威这样体谅他人、为他人着想，又宽容大度的人，怎么能不受人喜欢呢？居家生活，邻里之间，每个人的生活习惯、处事方式都有所不同，而邻里之间的礼仪就是指导我们要包容他人，互相关心，理解并尊重他人的行为习惯，心平气和地交流沟通，这样自然能让邻里之间“亲如一家”，关系更为和谐。

疫情期间，很多人居家隔离，在这样特殊的大环境下，邻里之间关系亲近的优势便又体现出来了。

曾有新闻报道，有个小伙子因为疫情突然被封在家里，家中食物短缺，无奈之下，他到走廊里拿了一棵邻居堆放的大白菜，并留下20元钱和字条，对自己擅自拿走白菜表示抱歉，同时感谢邻居理解，能接受他自作主张“买白菜”的行为。

邻居看到字条后，想起了对门这个小伙子平时就很和善有礼，在走廊遇见时也经常会和自己笑着打招呼。于是，邻居担心对方没有吃的，后来又主动敲门，送给小伙子一些食物，解了对方的燃眉之急。

邻里之间接触的机会很多，善待邻居，很多时候也是在帮我们自己。要想“近邻胜远亲”，让生活中多一份善意和关怀，我们就应处处以礼为先，以和为贵，礼貌、宽容地对待我们的左邻右舍。

走廊里与邻居遇见，可以主动点头致意，微笑打招呼，适当寒暄；当家中装修，或者有爱动的小孩，容易发出噪声打扰到邻居时，不妨礼敬在先，带一些水果去邻居家登门道歉，说明家中的情况，求得对方的谅解，并在日常中尽量避免打扰对方；邻居遇到麻烦，可以主动上前询问是否需要帮忙，而接受他人帮助时，也要记得说“谢谢”“辛苦啦”；邻居家有老人、小孩，更需遵循尊老爱幼的礼仪，热情地给予照顾。

人与人之间的尊重和情感都是相互的，你先抛出谦和有礼的橄榄枝，邻居们都会敬你是个有修养、有礼貌的人，在与你相处时，自然会多一份理解，多一份善意。